Ulrike Krug

Handbuch zur förder- und kompetenzorientierten Unterrichtsentwicklung

Praktische Anleitung zur Unterrichts- und Schulentwicklung in allen Schularten

D1700435

Ulrike Krug

Handbuch zur förder- und kompetenzorientierten Unterrichtsentwicklung

Praktische Anleitung zur Unterrichts-
und Schulentwicklung in allen Schularten

 Carl Link

Bibliografische Information der Deutschen Nationalbibliothek
Die Deutsche Nationalbibliothek verzeichnet diese Publikation in der Deutschen
Nationalbibliografie; detaillierte bibliografische Daten sind im Internet über
http://dnb.d-nb.de abrufbar.

Artikelnummer 69809000 (ISBN 978-3-556-69809-9)

Verantwortlich:
Carl Link
Adolf-Kolping-Straße 10, 96317 Kronach
E-Mail: info@wolterskluwer.de
Internet: www.carllink.de
            www.schulleitung.de
Satz: TypoScript GmbH, München
Druck: Appel & Klinger, Schneckenlohe

Vorwort

Das Thema „Individuelle Förderung" hat seit einigen Jahren Hochkonjunktur im Diskurs der Leitziele von Unterrichts- und Schulentwicklung. Das kommt durchaus nicht von ungefähr. Anfang des letzten Jahrzehnts trafen die Ergebnisse der unter dem Namen PISA bekannten internationalen Schulleistungsvergleiche das deutsche Schulwesen wie ein Nackenschlag. Die feste Überzeugung, über eines der leistungsstärksten Schulsysteme der Welt zu verfügen wich innerhalb weniger Monate der Einsicht, dass am Ende der gesetzlichen Schulpflicht in Deutschland längst nicht alle Schüler das geglaubte Kompetenzniveau erreichen. Insbesondere zeigte sich, dass fast jeder 5. Schüler in Deutschland mit 15 Jahren nicht einmal das Kompetenzniveau erreicht hat, das als notwendige Voraussetzung für eine anschließende erfolgreiche berufliche Bildung einfachster Art angesehen wird.

Um hier Abhilfe zu schaffen, bedarf es einer Qualitätsentwicklung des schulischen Unterrichts. Darin war man sich schnell einig. Diese Qualitätsentwicklung müsse sich am individuellen Schüler und seiner Kompetenzentwicklung orientieren. So wurden Bildungsstandards als Zielkompetenzen definiert und entwickelt, um Lehrkräften eine klare Richtschnur zu geben, welche Ziele bei den Schülern auf welcher Klassenstufe und in welchem Fach erreicht werden sollten. Wo diese Richtschnur aufgegriffen und verstanden wurde, entstanden vielversprechende Ansätze kompetenzorientierten Unterrichtens. Dabei zeigte sich sehr schnell, dass ein solches Unterrichten nicht ohne gezielte Individualisierung von Lernprozessen gelingen kann. Selbst bei engagierten und erfahrenen Lehrkräften löste diese Einsicht nicht selten Versagensängste aus: Wie soll das funktionieren bei deutlich mehr als 20 Schülern in einer Klasse und bei individuellen Unterschieden innerhalb einer Klasse von oftmals mehreren Kompetenzstufen?

Die jüngsten Forderungen nach mehr Inklusion in unseren Regelschulen tragen keineswegs dazu bei, dass diese Versagensängste abgebaut werden. Um so wichtiger ist es, dass konkrete Hilfestellungen in Form von Anleitungen einer kompetenzorientierten Unterrichtsentwicklung, die individuelle Förderung in den Blick nimmt, zur Verfügung gestellt werden. Das hier vorgelegte Handbuch bietet diese Art von Hilfestellung. Über mehrere Jahre hinweg entwickelte und erprobte das Team um Frau Schulamtsdirektorin Ulrike Krug praktische Bausteine für eine förder- und kompetenzorientierte Unterrichtsentwicklung, die unabhängig von Schulstufe, -form und –fach nutzbar sind. Auswahl und Zuschnitt der Bausteine entsprechen dem gegenwärtigen Stand der theoretischen Diskussionen und der empirischen Befunde der empirischen Bildungsforschung. Es ist daher zu hoffen, dass das Handbuch in den kommenden Jahren Einzug in die Schullandschaft hält und dabei vielfältig genutzt wird. Es hat nämlich das Potential, zu einer spürbaren Weiterentwicklung der Unterrichtsqualität im Sinne einer individuellen und kompetenzorientierten Förderung beizutragen.

Prof. Dr. Marcus Hasselhorn
Deutsches Institut für Internationale Pädagogische Forschung (DIPF)
Arbeitseinheit Bildung und Entwicklung
Schloßstr. 29
D-60486 Frankfurt am Main
E-Mail: Hasselhorn@dipf.de

Inhaltsübersicht

1. Projektbüro Individuell fördern – Lernen begleiten

im Auftrag des Hessischen Kultusministeriums am Staatlichen Schulamt für den Rheingau-Taunus-Kreis und die Landeshauptstadt Wiesbaden

Auf dem Weg zum Konzept

Der Auftrag für das Projekt erging 2005 durch Frau Ministerialrätin Oertel vom Hessischen Kultusministerium, mit dem Ziel eine „Modellregion" zur Unterstützung von Schülern[Fn. 1] mit Lese- und/oder Rechtschreibschwierigkeiten zu entwickeln.

In der Projektgruppe der „Modellregion Wiesbaden" entstand jedoch eine andere konzeptionelle Ausrichtung. So bestand und besteht völliges Einvernehmen darin, dass die Lese- Rechtschreibkompetenz eine entscheidende Voraussetzung für schulischen und beruflichen Erfolg ist. Von daher ist es wichtig, dass Lehrkräfte in allen Klassenstufen und Schulformen gezielt darauf achten und adäquate Fördermaßnahmen ergreifen.

Entscheidend und von grundlegender Bedeutung ist jedoch die Diagnosekompetenz der Lehrkraft! Sie muss zunächst überhaupt bemerken und erkennen, dass ein Schüler Lern-Schwierigkeiten hat, um diese dann genau zu diagnostizieren und spezifische Fördermaßnahmen einzuleiten.

Mit dieser Grundannahme war auch die Entwicklungslinie des Konzeptes skizziert: Es ging von Anfang an um Diagnosekompetenz und förderorientierte Haltung der Lehrkräfte sowie um eine Veränderung des Unterrichtsscripts, das individuelle Förderung besser möglich machen soll.

Im Verlauf der dreijährigen Projektzeit von 2005 bis 2008 verstärkte sich der Aspekt der Kompetenzorientierung getragen durch die Diskussion um Bildungsstandards und die Einführung der längst in allen Bundesländern gültigen Referenzsysteme für Unterrichts- und Schulqualität.

In der damaligen Projektgruppe arbeiteten u. a. ein Schulpsychologe, Mitarbeiter/-innen des Amtes für Lehrerbildung (AfL) mit sowie Ulrich Steffens, jetzt Institut für Qualitätsentwicklung (IQ), Wiesbaden, der federführend den Hessischen Referenzrahmen Schulqualität (HRS) entwickelt hat.

In das Konzept gingen Anregungen ein u.a. von Andreas Müller/Institut Beatenberg, Prof. Kretschmann/Universität Bremen, Prof. Gold/Universität Frankfurt, Prof. Klieme/Deutsches Institut für Internationale Pädagogische Forschung, Fritz Zaugg/Organisationsberater (Schweiz).

Zunächst bestand das Angebot des Projektbüros aus einer dreijährigen Qualifizierung für schulische Multiplikatoren, die nach einem Gesamtkonfe-

---

1. Die weibliche Form ist der männlichen Form in diesem Werk gleichgestellt; aus Gründen der Vereinfachung wurde teilweise lediglich die männliche Form gewählt.

1

renzbeschluss stellvertretend für das Kollegium an der Qualifizierung teilnahmen.

Die Multiplikatoren sollten auch die Implementierung der Fortbildungsinhalte in der jeweiligen Schule leisten.

Es stellte sich jedoch heraus, dass ein dreijähriger Qualifizierungszeitraum für Schulen und Lehrkräfte nicht realitätsangemessen und deutlich zu lang ist.

Dies zum einen bezüglich der Ausdauer und des Durchhaltens der Motivation der Multiplikatoren, zum anderen aber auch, weil in keiner der beteiligten Schulen über einen dreijährigen Zeitraum hinweg Personal- und Schulentwicklung übersehen werden können.

Das Konzept wurde 2008 durch eine Befragung der Multiplikatoren durch das Institut für Qualitätsentwicklung, Wiesbaden evaluiert.

Bereits nach einjähriger Qualifizierung wurde bezüglich der förderorientierten Haltung und einer veränderten Sicht auf die Schülerin/den Schüler eine positive Wirkung bei den Multiplikatoren bestätigt. Auch die Kooperation mit Kolleginnen und Kollegen wurde verbessert.

Die Implementierung der Fortbildungsinhalte in das jeweilige Kollegium war jedoch nur zum Teil geleistet worden, die systemische Verankerung fehlte.

Diese Ergebnisse wurden in das Konzept eingearbeitet, so dass schließlich zur Fachtagung im September 2008 ein überarbeitetes Konzept für einen förder- und kompetenzorientierten Unterricht vorgestellt werden konnte.

Für die Fachtagung 2008 in Wiesbaden lagen über 400 Anmeldungen aus ganz Hessen vor, was die Bedeutung der Thematik und vor allem das Interesse und die Bereitschaft der Lehrkräfte zur Arbeit am Thema deutlich machte.

Die zentralen Vorträge im Rahmen der Fachtagung hielten Prof. Hasselhorn (DIPF) zu den Gelingensbedingungen erfolgreichen individuellen Lernens und Prof. Lersch (Universität Marburg) zur kompetenzorientierten Didaktik.

Workshops zu den einzelnen Schwerpunkten (Kernelementen) vertieften das Angebot.

Seit dem Schuljahr 2012/13 ist das Projektbüro für förder- und kompetenzorientierten Unterricht im Hessischen Kultusministerium in der schulfachlichen Abteilung II angesiedelt.

Das Konzept „Individuell fördern – Lernen begleiten"

Das Konzept beinhaltet seit der Fachtagung 2008 eine einjährige Qualifizierung schulischer Multiplikatoren sowie die Unterstützung der Schulleiter bei der Implementierung der Fortbildungsinhalte. Dabei werden schulspezifische Beratung sowie die Vorbereitung und Durchführung Pädagogischer

Tage oder Konferenzen und Bilanzierungen bezüglich der förder- und kompetenzorientierten Arbeit im Kollegium angeboten und intensiv genutzt.

Die systemische Arbeit mit Schulleitung und Kollegium mündet in ein schuleigenes Förderkonzept, in dem der vereinbarte pädagogische Minimalkonsens festgeschrieben ist.

Das Förderkonzept wird Bestandteil des Schulcurriculums bzw. Schulprogramms.

Dieses Vorgehen hat sich als sehr wichtig und notwendig erwiesen, weil damit die Steuerung schulischer Entwicklungsprozesse unterstützt und gesichert wird.

Das Konzept "Individuell fördern – Lernen begleiten" weist bereits durch den Titel auf den dialogischen Ansatz von Förder- und Kompetenzorientierung hin.

Intendiert ist eine Veränderung der Haltung der Lehrperson und sowie des Unterrichtsscripts was zu einer grundlegend veränderten Sicht und Erwartung an den Lernenden führen soll. Haltung der Lehrperson und Unterrichtsscript wirken wechselweise aufeinander und zielen auf eine Veränderung der Rolle der Lehrkraft: nicht mehr primär Wissensvermittler, sondern Initiator von Lernprozessen und Unterstützer, Begleiter der Lernenden. Es geht um die Fokussierung auf den Lernprozess und nicht vorrangig auf die Vermittlung von Wissenselementen.

Ausgangspunkt und Ziel aller pädagogischen Maßnahmen und Bemühungen ist die Schülerin/der Schüler als selbsttätig und eigenverantwortlich Lernende(r)!

„If the teacherś lens can be changed to seeing learning through the eyes of students, this would be an excellent beginning" (Hatti 2009, S. 252) – das Zitat von John A.C. Hattie konkretisiert die Intention des Konzeptes sehr anschaulich.

Die Veränderung der Haltung und Rolle der Lehrkraft setzt unbedingt die Bereitschaft zur Veränderung voraus und ist ein länger währender, persönlicher Prozess. Hinzu kommt die Arbeit am Unterrichtsscript, den didaktischen Überlegungen und Entscheidungen. Das Unterrichtsscript sollte immer mehr so angelegt werden, dass selbstständiges Lernen z. B. auf der Grundlage gesicherten Vorwissens und mit Hilfe von Selbstreflexion und -steuerung möglich wird. So ist eine Verbesserung der Kompetenz der Schülerinnen und Schüler zu erzielen.

Theoretische Grundlagen des Konzeptes sind die Pädagogische Psychologie mit dem konstruktivistischen Ansatz von Lernen und die Didaktik mit dem kompetenzorientierten Ansatz – beides sind auch Grundelemente der Bildungsstandards!

Durch den dialogischen Ansatz, die Verbindung von Förder- und Kompetenzorientierung, wird die Verknüpfung der didaktischen Überlegungen mit dem Blick auf Kompetenzen und den Lernprozess der Schülerinnen und Schüler erreicht.

3

Dies entspricht exakt den Intentionen der Bildungsstandards. Das Konzept „Individuell fördern – Lernen begleiten" bietet dazu die unterrichtspraktische „Übersetzung" und Anleitung.

So stellt sich mit Blick auf die Arbeit in den Schulen und den täglichen Unterricht die Frage:

Was muss eine Lehrperson tun, um diesen Erfordernissen gerecht zu werden und wie sieht ein solcher förder- und kompetenzorientierter Unterricht aus?

Diese Fragen werden mit dem Konzept von „Individuell fördern –Lernen begleiten" konkret beantwortet durch die Ausweisung so genannter „Kernelemente von Unterricht".

Die „Kernelemente" bilden in einer „alltagstauglichen" Sprache ab, sozusagen als „Handwerkszeug", was Lehrkräfte in Planung und Durchführung eines förder- und kompetenzorientierten Unterrichts berücksichtigen müssen, so zum Beispiel „Einübung von Lernstrategien", „Vorwissen aktivieren", „Selbstreflexion der Schüler", etc.

Die „Kernelemente" basieren auf der o.g. theoretischen Grundlage des konstruktivistischen Ansatzes der Pädagogischen Psychologie und dem kompetenzorientierten Ansatz der Didaktik und auf den in allen Bundesländern vorliegenden Referenzrahmen zur Unterrichts- und Schulqualität. So weisen sie z. B. eine direkte Deckungsgleichheit mit dem Qualitätsbereich VI Lehren und Lernen des Hessischen Referenzrahmens Schulqualität auf – jedoch in „übersetzter" Sprache.

Diese theoretische Deckungsgleichheit ist für die schulische Arbeit höchst bedeutsam, weil somit gewährleistet ist, dass für die Entwicklungsprozesse in Unterricht und Schule ein einheitliches Instrumentarium eingesetzt wird, das den Setzungen der Bildungsstandards (somit dem Hessischen Kerncurriculum) und dem jeweiligen Referenzrahmen Schulqualität (Hessische Referenzrahmen Schulqualität) entspricht.

Für die Qualifizierung der Multiplikatoren wurden die „Kernelemente" wiederum in insgesamt zehn Praxis-Bausteine umgesetzt, deren Inhalte im vierwöchigen Rhythmus eingeübt, angewendet und in der folgenden Fortbildung reflektiert werden.

Jeder Praxis-Baustein wird durch eine kurze theoretische Fundierung erschlossen und dann zur Unterrichtspraxis geführt. So gehört zur Fortbildung immer auch die eigene Praxis der Multiplikatoren, die konkrete Unterrichtsplanung wie auch die Reflexion der jeweils neuen Erfahrungen.

Das Konzept „Individuell fördern – Lernen begleiten" ist schulformunabhängig und fachunabhängig. Damit kann in einem Kollegium ein einheitliches und grundlegendes Verständnis sowie Einsicht in die erforderlichen Veränderungsprozesse ermöglicht werden. Zudem ist durch die Loslösung von fachlicher Zuordnung ein breiter Einsatz der Materialien und vor allem die gemeinsame Entwicklungsarbeit im Kollegium möglich.

Die Umsetzung des Konzeptes oder auch von Teilen daraus führt zu einer neuen Lehr-Lern-Kultur bzw. Unterrichtskultur und ist Voraussetzung, um mit heterogenen Schülerschaften zu arbeiten und individuelle Förderung zu realisieren. Auf dieser Grundlage kann es besser gelingen, Hochbegabte angemessen zu fördern, Schülern mit Lernschwierigkeiten frühzeitig zu helfen, Bildungsstandards adäquat einzuführen, auch inklusive Bildung zu ermöglichen und insgesamt eine Verbesserung der Unterrichtsqualität zu erzielen.

Ulrike Krug

Schulamtsdirektorin und Projektleiterin

Mitarbeiterinnen:

Irmela Joppen seit 01. 08. 2008

Ulrike Steinmann seit 01. 08. 2008

Stephanie Walter seit 01.08 2009

Constanze Leipold seit 01. 08. 2010

Anke Gamer seit 1. 8. 2012

2. Zum Umgang mit dem Handbuch

Das Handbuch kann als chronologische Anleitung zur Entwicklung eines förder- und kompetenzorientierten Unterrichts genutzt werden.
Es ist jedoch auch möglich, einzelne Praxis-Bausteine zur vertiefenden Arbeit z. B. für eine Pädagogische Konferenz zu nutzen.

Im Handbuch wird zunächst mit dem Kapitel „Warum förder- und kompetenzorientierter Unterricht?" der bildungspolitische Hintergrund erläutert, der zu dem intendierten pädagogischen Paradigmenwechsel geführt hat.

Es schließt sich die theoretische Fundierung für das Konzept zum förder- und kompetenzorientierten Unterricht an und mündet in die Darstellung der so genannten Praxis-Bausteine oder Module mit praktischer Anleitung.

Dabei wird zunächst jeweils die Intention der insgesamt zehn Praxis-Bausteine sowie deren theoretische Grundlegung ausgeführt.

Es folgen dann die Übersicht über den Ablauf der zum Baustein geplanten Veranstaltung sowie die Arbeitsaufträge und die zugehörigen Vorlagen. Bei dem einen oder anderen Baustein sind ergänzende Texte zur Vertiefung der Thematik hinzugefügt.

Die Praxis-Bausteine stellen einen systematischen Aufbau zum förder- und kompetenzorientierten Unterricht dar.

Ausgangspunkt bildet „1. Auftaktveranstaltung". Sie ist von grundlegender Bedeutung, da hier der intendierte Veränderungsprozess beschrieben, die diesbezüglichen Hintergründe und Ursachen erklärt und der Ausblick auf eine unterrichtspraktische Umsetzung gegeben werden.

Es ist unerlässlich, an dieser Stelle Einsicht gewinnen bzw. vermitteln zu können in den Begründungszusammenhang und den größeren Kontext des Veränderungsprozesses. Ebenso wichtig ist aber auch, die Machbarkeit im schulischen Alltag zu verdeutlichen, damit nicht die mit dem Veränderungsprozess einhergehenden Erwartungen zu unerträglichem Druck und schließlich zur Ablehnung führen.

Als unabdingbar notwendig erscheint die Abfolge der Praxis-Bausteine „1. Beobachten und Wahrnehmen als Grundlagen förderdiagnostischen Arbeitens" der Lehrkräfte und „2. Methoden der Lernstandsermittlung" sowie „3. Arbeit mit dem Förderplan".

Diese Bausteine dienen der Entwicklung der förderdiagnostischen Kompetenz der Lehrkräfte und bauen schlüssig aufeinander auf.

Die folgenden 4. bis 9. Praxis-Bausteine konzentrieren sich dann stärker auf die Unterrichtsplanung und die angekündigte Veränderung des Unterrichtsscripts durch die Anleitung zur Planung und Durchführung eines kompetenzorientierten Unterrichts.

Der letzte Baustein „9. Entwicklung eines schuleigenen Förderkonzeptes – Der Referenzrahmen als Grundlage der Bilanzierung schulischer Entwicklungsprozesse" kann genutzt werden zu einer abschließenden Bilanzierung mit Blick auf förder- und kompetenzorientierten Unterricht. Ziel ist die Ermittlung des Ist-Standes sowie möglicher neuer Entwicklungsschwerpunkte/Arbeitsvorhaben.

Diese Bilanzierung eignet sich aber auch sehr gut zum Einstieg in die Thematik, um zu Beginn des schulischen Entwicklungsprozesses Schwerpunkte und Arbeitsvorhaben konkret benennen zu können.

Alle Materialien, PowerPoints, Aufgabenstellungen/Arbeitsaufträge, Texte u. a. Unterlagen finden sich unter www.kompetenzorientierte-Unterrichtsentwicklung.de zum Downloaden.

3. Warum förder- und kompetenzorientierter Unterricht?

... und wie kam es zur Forderung nach förder- und kompetenzorientiertem Unterricht? Diese Fragen stellen sich Lehrkräfte! Diesbezügliche Antworten, Informationen oder gar Implementierung der damit einhergehenden Neuerungen hat es bislang jedoch nur punktuell gegeben.
In diesem Kapitel sollen die o.g. Fragen beantwortet und die Hintergründe des immer wieder beschworenen Paradigmenwechsels erläutert werden.

Das schlechte Abschneiden deutscher Schüler in der TIMSS- Studie wurde 1997 offenbar und führte zur so genannten „empirischen Wende". Die bislang „gefühlte" deutsche Bildungsqualität bildete sich empirisch nicht ab.

1997 „empirische Wende":

TIMSS – Studie → Oktober 1997 „Konstanzer Beschluss" der KMK:

*   Teilnahme an internationalen wissenschaftlichen Untersuchungen

    (Qualitätssicherung und Entwicklung)

*   Übernahme des „literacy"-Konzeptes

    (Konstruktivistischer Lernbegriff, Anwendungsorientierung von Wissen)

*   von der Input- zur Output-Steuerung

    (Orientierung an erwarteten Lernergebnissen und Leistungen der Schule,

    systematische Rechenschaftslegung)

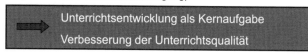

Unterrichtsentwicklung als Kernaufgabe
Verbesserung der Unterrichtsqualität

PPT „Förder- und kompetenzorientierter Unterricht"

„Die vollständige Präsentation finden Sie in der Onlinedatenbank unter www.kompetenzorientierte-Unterrichtsentwicklung.de im Baustein „Auftakt."

Die Betroffenheit über das schlechte Abschneiden war tiefgreifend und manifestierte sich bereits im Oktober 1997 im „Konstanzer Beschluss" der KMK, fortan an internationalen wissenschaftlichen Untersuchungen teilzunehmen, um auf der Grundlage empirischer Daten adäquate bildungspolitische Steuerungen vornehmen zu können.

Bildungsqualität sollte nicht länger nur ein „gefühlter" Wert sein, sondern eine auf Daten gestützte, dokumentierte und somit steuerbare Größe der bildungspolitischen Anstrengungen in Deutschland.

Der „Konstanzer Beschluss" zog und zieht noch immer weitreichende Konsequenzen und Wirkungen nach sich. Die damit einhergehenden Veränderungen im pädagogischen Feld wurden relativ unbemerkt etabliert, sind gleichwohl von wesentlicher und weitreichender Bedeutung:

■ zum einen wurde das aus dem anglo-amerikanischen Raum und OECD-weit zu Grunde liegende „literacy"-Konzept übernommen,

■ dieses impliziert einen konstruktivistischen Lernbegriff und die Anwendungsorientierung von Wissen

■ zum anderen erfolgte konsequenterweise der Paradigmenwechsel zur „output"-Orientierung und –steuerung und damit der Blick auf Lernergebnisse und Unterrichtsqualität.

Zur Umsetzung des Ziels der Verbesserung der Unterrichtsqualität und der Lernergebnisse wurden zahlreiche bildungspolitische Neuerungen eingeführt, wie z. B. Entwicklung von Qualitätsvorgaben in Referenzsystemen, Einführung externer Evaluation durch die Schulinspektion, zentrale Abschlussprüfungen, Lernstandserhebungen und deren Evaluation.

So kam es auch zu kompetenzorientierten Bildungsstandards, die den Blick lenken auf individuelle Lernergebnisse, Bewältigung von Anforderungen und nicht auf den Aufbau ungenutzten Wissens.

In Folge wurden eingeführt:

2004/05	Orientierungsarbeiten Grundschule
	bereits 2002/03 freiwillige Pilotphase
2003	KMK Bildungsstandards
2005	HRS
2005	Inspektion
2005	Zielvereinbarung
2008/09	Lernstand 6 und 8
2008/09	Evaluation
2003/04	zentrale Abschlussprüfung Haupt- und Realschule
2006/07	Landesabitur
2009/10	Bildungsstandards
2009/10	Lernstand 3 (VERA)

PPT „Die Bedeutung des hess. Kerncurriculums für Schulen und deren Unterstützung"

Das entspricht dem „litearcy"-Konzept. Es geht aus von einem veränderten Verständnis von Lernen, zielt auf Problemlösefähigkeit und Anwendungsorientierung und basiert auf einem funktionalen Kompetenzbegriff. Nicht Wissen an sich wird als Wert gesehen, sondern dessen situierte, angewandte Nutzung als Bestandteil von Kompetenz.

Lernen wird demnach gesehen als individuelle Konstruktion von Wissen, als „kognitive Informationsverarbeitung durch einen selbstständigen Lerner" (Hasselhorn/Gold 2009, S. 234).

Lernen ist somit vor allem die – stets individuelle – Interpretation, Umformung und Anpassung von neuen Informationen und hängt wesentlich vom vorhandenen Vor-Wissen ab.

Die Prozesse der Anpassung von neu Gelerntem an bereits vorhandene Wissensstände und die folgende Neuorientierung des Lerners hat bereits Piaget in seiner Entwicklungstheorie als Akkomodation und Assimilation grundlegend beschrieben. Diese wechselweise wirkenden Größen sind nach wie vor entscheidend im Lernprozess, der jedoch die Selbsttätigkeit des Lerners erfordert und stets individuell verläuft.

Was aber bedeutet dies alles für die Unterrichtsplanung und für den konkreten Unterricht?

Wie muss Unterricht gestaltet sein, damit Lernen als „individuelle Konstruktion von Wissen" unterstützt und möglichst optimiert werden kann?

Was sind Elemente und Indikatoren eines förder- und kompetenzorientierten Unterrichts?

Zur Unterstützung und Förderung des Wissenserwerbs nennt Hasselhorn folgende fünf „Merkmale und Prinzipien des Lehr-Lern-Prozesses":
- aktiv
- konstruktiv
- situiert
- selbstregulativ
- sozial.

Diese Prinzipien gilt es, in der Unterrichtsplanung und -durchführung aufzugreifen und umzusetzen. Sie erfordern einen veränderten Blick auf den Schüler/die Schülerin und deren Lernprozess, einen Paradigmenwechsel hin zu einer förderorientierten Haltung der Lehrpersonen und zum kompetenzorientierten Unterrichtsskript.

Wie dies praktisch und leicht umsetzbar gelingen kann, zeigt das vorliegende Handbuch und leitet zu eigener Umsetzung an!

4. Konzept für einen förder- und kompetenzorientierten Unterricht – Theoretische Grundlegung –

Die Forderung nach kompetenzorientiertem Unterricht ist in aller Munde; gelegentlich ist zu lesen, der Unterricht in den Schulen sei bereits kompetenzorientiert!
Fragt man jedoch nach Indikatoren, nach Erkennungsmerkmalen für einen kompetenzorientierten Unterricht, bleiben meist eine Antwort und damit eine Konkretisierung aus.
In diesem Kapitel erfolgt nun die konkrete Anleitung für einen förder- und kompetenzorientierten Unterricht durch die Umsetzung der „Kernelemente" in Praxis-Bausteine.

In allen Bundesländern gibt es Referenzsysteme für Unterrichts- und Schulqualität. Im Hessischen Referenzrahmen Schulqualität (HRS)[Fn. 1], bereits seit 2005 verbindliche Grundlage für Schulinspektion und Qualität von Unterricht und Schule, wird in „Dimensionen" und „Kriterien" ein förder- und kompetenzorientierter Unterricht beschrieben und gefordert. Dies natürlich nicht in einer „Kollegiumssprache" (Prof. Wollring, Kassel 2010), die eine sofortige Umsetzung in den Unterricht möglich macht, sondern in einer abstrakteren, wissenschaftsbasierten Sprache. So heißt es im HRS zum Beispiel:

„Dimension: VI.2 Strukturierte und transparente Lehr- und Lernprozesse"

„Kriterium VI.2.5 Lernprozesse und Lernergebnisse werden reflektiert; die erworbenen Teilkompetenzen werden dabei auf die angestrebten Kompetenzen bezogen." (HRS 2010) – wie dies dann konkret im Unterricht aussieht, was eine Lehrkraft hierzu tun muss, kann ein Referenzrahmen nicht ausführen.

So bringt die Forderung nach kompetenzorientiertem Unterricht Lehrkräfte aller Schulformen in ein Dilemma und stellt zugleich eine Herausforderung dar: der Forderung nach kompetenzorientiertem Unterricht steht die fehlende praktische Unterstützung gegenüber. Dazu bedarf es konkreter Anleitung und die Überführung in praktikables „Handwerkszeug", um „Kompetenzen zu unterrichten" (Lersch 2005). Hinzu kommt, dass die begriffliche Unschärfe den Eindruck erweckt, alles bisherige unterrichtliche Handeln müsse völlig verändert und alle Unterrichtsroutinen über Bord geworfen werden.

Dass dies nicht so ist, wird das folgende auch auf dem HRS basierende Konzept zum förder- und kompetenzorientierten Unterricht schnell erkennen lassen; mit dem Bezug zur Pädagogischen Psychologie und der Allge-

---

1. Die Ausführungen beziehen sich auf den Hessischen Referenzrahmen Schulqualität; es gibt jedoch in allen Bundesländern mit Inspektion (Schulvisitation, Qualitätsanalyse) – alle, außer Schleswig-Holstein- ein Referenzsystem zur Erfassung von Schul- und Unterrichtsqualität

meinen Didaktik werden zudem die für Lehrkräfte bekannten Grundlagen aufgegriffen.

Gleichwohl ist ein Veränderungsprozess, eine veränderte Blickrichtung notwendig hinsichtlich der Rolle der Lehrperson sowie auf den Lernprozess der Schüler – was eine Änderung der Haltung der Lehrkraft und eine Änderung des Unterrichtsscripts erfordert.

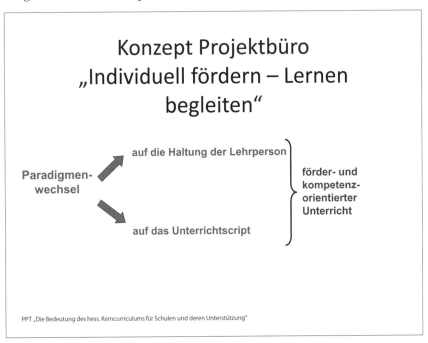

Entscheidende Voraussetzung und zentrale Größe eines förder- und kompetenzorientierten Unterrichts ist und bleibt die Lehrperson selbst und ihre Bereitschaft zur (schrittweisen) Veränderung.

Ein verändertes Rollenverständnis der Lehrkraft als Initiator und Begleiter von Lernprozessen bewirkt eine Veränderung auf Seiten der Lehrkraft, die nicht mehr vorrangig die Wissensvermittlung, sondern die Anleitung der Schüler/-innen zum selbstständigen, eigenaktiven Lernen anstrebt. Der Fokus liegt auf individueller Unterstützung und Beratung – erst dann im Bewerten und Beurteilen.

Wo steht der Schüler/die Schülerin im Lernprozess? Was benötigt er/sie zum erfolgreichen Lernen?

Das sind handlungsleitende Fragestellungen, die voraussetzen, dass der Lernprozess auch als solcher geplant und nicht nur Wissensziele formuliert wurden.

Wie können die Wissenselemente eines Lerngegenstandes zu Kompetenzen geführt werden? Wie muss kompetenzfördernder Unterricht gestaltet sein, damit erfolgreiches Lernen stattfinden kann? Das sind hier die leitenden Fragestellungen.

Für die Planung einer Unterrichtsstunde insbesondere jedoch einer Unterrichtseinheit bedeutet das, bereits an dieser Stelle den Kompetenzerwerb, die Anwendung des erworbenen Wissens und nicht nur die Wissensvermittlung vorzusehen, d. h. zu planen.

„Kompetenzorientierter Unterricht zielt auf die Ausstattung von Lernenden mit Kenntnissen, Fähigkeiten/Fertigkeiten sowie die Bewusstmachung und Reflexion von Einstellungen/Haltungen." (Ziener 2006, S. 20)

Dabei darf nicht eine heimliche Nivellierung unterstellt werden, die unter dem Primat der Förderung von Schülern dazu führt, das Anspruchsniveau zu vernachlässigen. Vielmehr gilt es, die Ansprüche des Faches sowie das Anspruchsniveau des Lerninhaltes angemessen und zielführend zu vertreten und schließlich auch vor diesem Hintergrund jeden Schüler/jede Schülerin am Ende des Lernprozesses zu beurteilen und zu bewerten.

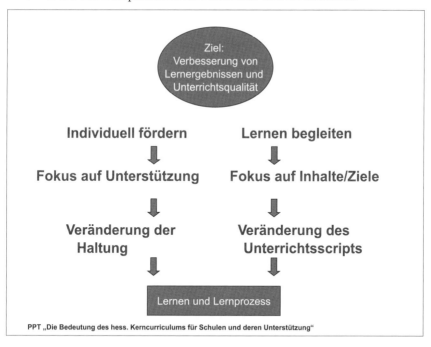

PPT „Die Bedeutung des hess. Kerncurriculums für Schulen und deren Unterstützung"

Für eine solch veränderte Unterrichtsplanung erhalten Lehrkräfte inzwischen auch Unterstützung durch die Angebote der Schulbuchverlage, durch die in den Lehrwerken vorzufindenden Aufgabenformate und komplexen Problemlösesituationen.

Es gilt jedoch zu betonen, dass allein veränderte Aufgabenformate noch keinen förder- und kompetenzorientierten Unterricht ausmachen. Die Veränderung und Verbesserung von Unterricht ist letztlich nur durch die Lehrkraft möglich; ihre Bereitschaft zur Veränderung der Haltung und des Unterrichtsscripts sind der Schlüssel zur Veränderung. Die Hattie-Studie (Hattie 2009) bestätigt nachdrücklich die herausragende Bedeutung und Wirksamkeit der Lehrperson!

Was jedoch ist unter Kompetenzen und Kompetenzerwerb zu verstehen? Worauf muss die Lehrperson achten?

Exkurs

Kompetenz

- situierte Anwendung von Wissenselementen

- koordinierte Anwendung verschiedener Einzelleistungen

- Fähigkeit und Fertigkeit, Probleme zu lösen und Bereitschaft, dies auch zu tun und umzusetzen

- „Sich-Bewähren im Leben" (R. Messner)

PPT „Förder- und kompetenzorientierter Unterricht"

„Die vollständige Präsentation finden Sie in der Onlinedatenbank unter www.kompetenzorientierte-Unterrichtsentwicklung.de im Baustein „Auftakt."

Bereits bei der Unterrichtsplanung ist zu beachten, dass die vermittelten notwendigen Wissenselemente in abstrakteren, situierten Problemlöse- oder Anwendungssituationen eingebracht und erfolgreich angewendet werden können.

Hinzu kommt die grundlegende Bewertung von Lerninhalten auf deren Bedeutsamkeit für den Kompetenzerwerb. Lehrkräfte und Kollegien werden sich künftig bei der curricularen Planung (Fachcurriculum) fragen müssen, ob ein Lerngegenstand/ein Thema dem Kompetenzerwerb dient.

Auf Grund dieser Fragestellungen ist eine „Ausdünnung" der Lehrpläne erfolgt und notwendig. Die so gewonnene Unterrichtszeit sollte dann investiert werden, in die Anleitung und Unterstützung individueller Lernprozesse und ausreichende Zeit zum Einüben des neu Gelernten.

Diese Überlegungen sind nicht revolutionär und lassen sich sehr wohl auf der Grundlage bisheriger Unterrichtsplanungen anstellen; sie erfordern jedoch den o.g. Perspektivwechsel.

Folglich stehen im Zentrum von Unterricht und Lehrerhandeln das Lernen und der Lernprozess der Schüler. Beides ist in den vergangenen Jahren durch die Wirkung von Stoffdruck, verändertem Schülerverhalten sowie der zahlreichen bildungspolitischen Neuerungen offenbar in den Hintergrund gerückt.

Lernen und Lernprozess werden aus der heutigen kognitiv-konstruktivistischen Sicht der Pädagogischen Psychologie als individuelle und konstruktive Prozesse der Informationsverarbeitung gesehen und erklärt: „Wissen wird nicht aufgenommen oder erworben, sondern aktiv konstruiert. Durch seine Eigenaktivität konstruiert der Lernende eine mentale (und notwendigerweise subjektive) Repräsentation der neuen Informationen. ... Subjektive Vorerfahrungen und Intentionen des Lernenden sind deshalb wesentliche Rahmenbedingungen des Wissensaufbaus." (Hasselhorn/Gold 2009, S. 63)

Exkurs

Lernen

- individuelle und aktive Wissenskonstruktion
- individueller Konstruktionsprozess
- Selbstorganisation des Wissenserwerbs
- Wissenserwerb erfolgt konstruktiv in Abhängigkeit von Vorwissen, Wahrnehmung, Handlungskontext und Affektlage

PPT „Förder- und kompetenzorientierter Unterricht"

„Die vollständige Präsentation finden Sie in der Onlinedatenbank unter www.kompetenzorientierte-Unterrichtsentwicklung.de im Baustein „Auftakt."

Wesentlich für den intendierten Veränderungsprozess der Rolle der Lehrkraft und des Unterrichtsscript ist die dialogische Verbindung von Förder- und Kompetenzorientierung, die gleichwertige wechselweise Wichtung beider Aspekte. Nicht nur das Eine oder das Andere. So wäre unter dem Postulat der Kompetenzorientierung sehr wohl eine hohe selektionsorientierte Ausrichtung möglich, wie auch unter dem Postulat der Förderorientierung die Vernachlässigung von Anspruchsniveau und feststellbarem und zu bewertendem Wissenserwerb.

Ziel und Aufgabe für jede Lehrkraft sollte es sein, jede Schülerin/jeden Schüler so weit wie möglich in den individuellen Kompetenzen zu fördern, was nur mit einem entsprechenden Unterrichtsscript möglich ist.

Worauf aber muss eine Lehrkraft achten, wenn sie förder- und kompetenzorientierten Unterricht plant und durchführt?

Mit dieser Fragestellung beginnt die zunehmende Konkretisierung der bisherigen theoretischen Ausführungen.

Dazu seien zunächst noch einmal die folgenden Gelingensbedingungen für erfolgreiches Lehren und Lernen nach Prof. Hasselhorn (Hasselhorn/Gold, S. 234) in den Blick gerückt:

Exkurs

Bedingungen konstruktivistischen Lehrens und Lernens

- aktiv ➡ Eigenaktivität des Lernenden

- konstruktiv ➡ reale und komplexe Probleme

- situiert ➡ authentische, anwendungsorientierte Kontexte

- selbstregulativ ➡ selbstgesteuertes Lernen, metakognitive Regulation

- sozial ➡ kooperatives Lernen, Wissen wird sozial konstruiert

PPT „Förder- und kompetenzorientierter Unterricht"

„Die vollständige Präsentation finden Sie in der Onlinedatenbank unter www.kompetenzorientierte-Unterrichtsentwicklung.de im Baustein „Auftakt."

aktiv – Grundlage für konstruktives Lernen ist die Eigenaktivität des Lernenden. Dies macht Lernarrangements erforderlich, die eine aktive Auseinandersetzung mit dem Lerngegenstand fordern bzw. zulassen. Dazu bedarf es u. a. komplexer Aufgabenstellungen, die multiple Lösungsperspektiven zulassen.

konstruktiv – Die komplementären Mechanismen der Assimilation und Akkomodation führen mit der Aktivierung des Vorwissens zur Reorganisation von Wissen und verhindern somit den fragmentarischen Wissenserwerb.

situiert – Die o. g. Aufgabenstellungen sollten stets Anwendungsbezug, d. h. Situiertheit und Kontextualisierung, aufweisen. Nicht nur die dadurch erzielte Motivation ist von Wert, sondern auch das Erkennen der Wirksamkeit bislang abstrakter Informationen und Prinzipien in deren konkreter Realisation.

selbstregulativ – Als wesentliches Ziel des konstruktivistischen Lehrens ist die Förderung der Selbststeuerung der Lerner hervorzuheben.

Diese metakognitive Regulation, d. h. die Überwachung des eigenen Lernverhaltens ist von höchster Bedeutung. Hier hat die Vermittlung von Lernstrategien ihren Platz und muss Anwendung in allen schulischen Fächern finden, damit eine breite Transferbasis gegeben wird.

sozial – Schließlich stellt das kooperative Lernen eine wesentliche Voraussetzung für erfolgreiches Handeln in der Lebenswirklichkeit dar.

Für die Unterrichtsplanung gilt es, diese Gelingensbedingungen als Orientierung und Maßstab heranzuziehen; sie finden sich auch im Hessischen Referenzrahmen Schulqualität (HRS).

Allerdings muss für das Alltagshandeln der Lehrkräfte noch eine weitergehende Übersetzung, eine Umsetzung erfolgen.

Diese Aufgabe der Umsetzung der aktuellen bildungspolitischen Forderungen – HRS, Bildungsstandards, kompetenzorientierter Unterricht, individuelle Förderung, etc. – sowie der Forderung nach einem Paradigmenwechsel in eine unterrichtspraktische Anleitung wird im vorliegenden Konzept des Projektbüros vorgenommen.

In der dreijährigen Projektphase wurden so genannte „Kernelemente" für einen förder- und kompetenzorientierten Unterricht herausgearbeitet und auf der Grundlage neuer wissenschaftlicher Erkenntnisse – insbesondere der Pädagogischen Psychologie – immer wieder ergänzt und weiter entwickelt.

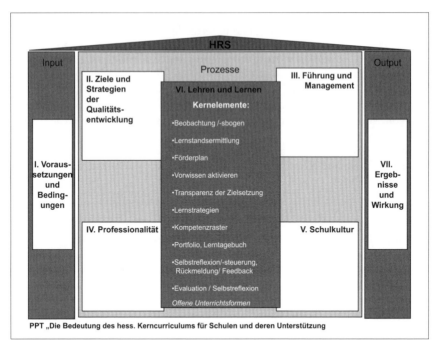

PPT „Die Bedeutung des hess. Kerncurriculums für Schulen und deren Unterstützung"

Diese „Kernelemente" werden umgesetzt in Praxis-Bausteinen, die jeweils durch eine kurze theoretische Fundierung eingeleitet werden und dann in praktische Anleitung für die Unterrichtsplanung und -durchführung münden.

Die ausführliche Darstellung der Qualifizierungsbausteine und der dazugehörigen Materialien folgen im nächsten Kapitel.

5. Entwicklung eines schuleigenen Förderkonzepts mit neun Praxis-Bausteinen

Praxis-Bausteine in der Übersicht

In diesem Kapitel werden nun die „Bausteine"/Module des Konzeptes sukzessive vorgestellt. Jeder Baustein wird durch eine theoretische Grundlegung eingeleitet, der dann die praktische Umsetzung folgt.
Die Anleitung und die Materialien können genutzt werden für das Selbststudium und die eigene Praxis, vor allem aber für die gemeinsame Arbeit in Konferenzen oder an pädagogischen Tagen, um auf dieser Grundlage zu Veränderungsprozessen in Unterricht und Schule zu führen.

Die im vorangehenden Kapitel vorgestellten Kernelemente für einen förder- und kompetenzorientierten Unterricht wurden in Praxis-Bausteine oder Module umgewandelt, so dass sie „erlernbar" und in die Praxis umsetzbar sind.
So wurden aus den Kernelementen

„Individuell fördern – Lernen begleiten"

Individuell fördern	Lernen begleiten

Einsatz von:
- Beobachtung/-sbogen
- Lernstandsermittlung
- Förderplan
- Vorwissen aktivieren
- Transparenz d. Zielsetzung und Bewertung
- Lernstrategien
- Kompetenzraster
- Portfolio, Lerntagebuch
- Selbstreflexion/-steuerung Rückmeldung/Feedback
- Evaluation/Selbstevaluation
- Offene Unterrichtsformen

PPT „Bilanzierung und Schulcurriculum"

„Die vollständige Präsentation finden Sie in der Onlinedatenbank unter www.kompetenzorientierte-Unterrichtsentwicklung.de" im Baustein 9.

folgende Bausteine:

Titel der Bausteine		Ziele der Veranstaltungen
Auftaktver-anstaltung	Einführungsveran-staltung mit Schulleiterinnen/ Schulleitern und Multiplikatoren	■ Information über das Konzept des Projektbüros ■ Information über notwendige schulische Voraussetzungen zur Umsetzung der Fortbildungsinhalte ■ Übersicht über die Bausteine der Qualifizierung ■ Reflexion der jeweiligen schulischen Strukturen in Bezug auf die Organisation kompetenzorientierten Unterrichtens
1. Baustein	Beobachten und Wahrnehmen als Grundlagen förder-diagnostischen Arbeitens	■ Unterschied zwischen Beobachtung und Deutung ■ Subjektivität von Wahrnehmung und deren Einfluss auf das Lehrerhandeln ■ Beeinflussung der Beobachtung durch eine lernförderliche Haltung ■ Methoden der Beobachtung
2. Baustein	Methoden der Lern-standsermittlung	■ Überprüfung eigener Kompetenzen zum Thema „Lernstandsermittlung" ■ Unterscheidung förderorientierter von ■ selektionsorientierten Beurteilungssituationen ■ Methoden der Lernstandsermittlung
3. Baustein	Arbeit mit dem För-derplan	■ Entwicklung von Förderzielen ■ Setzung von Schwerpunkten in den Förderzielen ■ Überprüfung der Ziele anhand von gesetzten Kriterien (S.M.A.R.T) ■ Erstellung eines Aktionsplans ■ „Kollegiale Fallberatung" und deren Einsatzmöglichkeit zur Erarbeitung der jeweiligen Förderziele

	Titel der Bausteine	Ziele der Veranstaltungen
4. Baustein	**Phasenmodell des Lehr- und Steuerungsprozesses als Grundlage lernförderlicher Unterrichtsgestaltung**	■ Phasenmodell des Lehrprozesses als Planungs- und Steuerungsinstrument für lernförderlichen Unterricht ■ Mögliche Methoden/Vorgehensweisen in den Phasen
	Transparente Unterrichtsgestaltung als Voraussetzung für die Steuerung und Selbststeuerung von Lernprozessen	■ Kernannahmen der konstruktivistischen Auffassung von Lernen ■ Merkmale erfolgreicher Lerner ■ Transparente Unterrichtsgestaltung als Voraussetzung für die Steuerung und Selbststeuerung von Lernprozessen
5. Baustein	**Einübung von Lernstrategien als Voraussetzung für selbstgesteuertes Lernen und Kompetenzerwerb**	■ Konstruktivistischer Ansatz des Lernens ■ Voraussetzungen für erfolgreiches Lernen ■ Bedeutung von (Lern-)Strategien für erfolgreiches Lernen ■ Klassifikation von Lernstrategien ■ Einsatz von Lernstrategien in konkreten Unterrichtsplanungen
6. Baustein	**Kompetenzraster als Möglichkeit der Individualisierung im Unterricht**	■ Bedeutung von Kompetenzrastern im kompetenzorientierten Unterricht ■ Erstellung eines Kompetenzraster für die Hand der Schüler/-innen ■ Überprüfung des Lernstandes von Schüler(n)/-innen mit Hilfe der entwickelten Kriterien ■ Nutzung der Informationen (Stärken, Schwächen) über den Lernstand der Schüler/innen als Grundlage für angemessene Förderangebote

	Titel der Bausteine	Ziele der Veranstaltungen
7. Baustein	Begleitung indivi-dueller Lernpro-zesse durch Portfo-lio – Arbeit	■ Bedeutung des Portfolios für individuelle Leistungsentwick-lung und -beurteilung ■ Prozessschritte bei der Portfolio-Arbeit ■ Portfolio-Arten im kompetenzori-entierten Unterricht ■ Orientierungspunkt, Qualitätskri-terien und Vorüberlegungen ■ Rolle der Lehrkraft bei der Port-folio-Arbeit
8. Baustein	Feedback/Rückmel-dung im Lernpro-zess	■ Feedback als Form der lernpro-zessbegleitenden Leistungsrück-meldung und Kompetenzfeststel-lung (formatives Assessment) ■ Ziele und Leistungen formativer Rückmeldung/Feedback ■ Kooperative Beratung nach Prof. Mutzek als Organisationsrahmen für Feedback ■ Methode „RAFAEL" zur Ge-sprächsführung ■ Reflexion eigener Förderpläne hinsichtlich der Möglichkeiten des Feedback für Schüler/innen ■ Planung lernförderlicher Rück-meldungen
9. Baustein	Entwicklung eines schuleigenen För-derkonzeptes, Der Referenzrahmen als Grundlage der Bilanzierung schuli-scher Entwicklungs-prozesse	■ Information über Grundlagen der Entwicklung schulischer För-derkonzepte ■ Vorbereitung erster Schritte für eine schuleigene Bilanzierung ■ Formulierung des Unterstüt-zungsbedarfs

Zu jedem Praxis-Baustein gibt es:
■ eine Verlaufsplanung für die Durchführung einer entsprechenden Päda-gogischen Konferenz
■ eine theoretische Fundierung mit zugehöriger PowerPoint-Präsentation
■ Materialien für die eigene Arbeit mit Arbeitsaufträgen
■ ergänzende Texte

Alle Anleitungen sind in der Onlinedatenbank unter www.schullei-tung.de zu finden.

5.0 Auftaktveranstaltung

Die gemeinsame Teilnahme der Schulleiter/-innen und der schulischen Multiplikatoren wird als eine der Voraussetzung für die erfolgreiche Implementierung der Qualifizierungsinhalte angesehen.

Neben der Information über die Inhalte der einzelnen Praxis-Bausteine werden vor allem schulische Gelingensbedingungen für deren Verankerung im Kollegium erörtert.

Auf diese Gelingensbedingungen soll hier ausführlich eingegangen werden.

Fortbildung kann heute nicht mehr nur auf den individuellen Zugewinn der einzelnen Lehrkraft gerichtet sein. Schulen haben inzwischen in aller Regel ein Fortbildungskonzept, in dem der Fortbildungsbedarf auf der Grundlage der geplanten schulischen Entwicklungen beschrieben ist. Dabei können Inspektionsbefunde, Zielvereinbarungen oder auch eigene Bestandsaufnahmen den Ausgangspunkt für den beschriebenen Entwicklungs- und Fortbildungsbedarf bilden.

Die Teilnahme der einzelnen Lehrkraft an Fortbildungen richtet sich daher vor allem an den Entwicklungszielen der Schule aus. Des Weiteren ist es notwendig, die Fortbildungsinhalte in das Kollegium zu tragen um somit Grundlage für abgestimmte und vereinbarte Veränderungsprozesse im ganzen Kollegium werden zu können.

Dieser hier skizzierte systemische Ansatz der Fortbildung und Implementierung der Fortbildungsinhalte liegt auch der Qualifizierungsreihe des Projektbüros zugrunde. Es geht um Verankerung und Sicherung der Qualifizierungsinhalte, die unbedingt zu einer nachhaltigen Wirkung geführt werden sollen. Ziel ist ein „gemeinsames pädagogisches Verständnis"[Fn. 1] im Kollegium, verankert in einem Minimalkonsens zum förder- und kompetenzorientierten Unterricht.

In der Auftaktveranstaltung wird eine „Erste (kleine) Bilanzierung zum förder- und kompetenzorientierten Unterricht" durchgeführt. Sie erschließt Lehrkräften und Schulleitung meist sehr schnell und deutlich den schulischen Entwicklungsbedarf und ist anschaulicher und konkreter Ausgangspunkt für die weiteren Planungen in der einzelnen Schule.

---

1. Verordnung zur Ausgestaltung der Bildungsgänge und Schulformen der Grundstufe(Primarstufe) und der Mittelstufe (Sekundarstufe I) und der Abschlussprüfungen in der Mittelstufe (VOBGM), 19.08.2011

Erste Bilanzierung zum förder- und kompetenzorientierten Unterricht

Name der Schule: _____

Bitte Zutreffendes ankreuzen und begründen:

	Das gelingt mir in meinem Unterricht gut.	Das gelingt in meiner Schule in Ansätzen.	Das ist bereits verbindlich in meiner Schule verankert.
Beobachtungsbogen			
Lernstandsermittlungen			
Arbeit mit dem Förderplan			
transparente Unterrichtsgestaltung			
Einübung von Lernstrategien			
Lernprozessbegleitung durch Portfolio			
Individualisierung durch Kompetenzraster			
professionelle Beratungsgespräche			
Feedback / Rückmeldung im Lernprozess			
schulisches Förderkonzept/ Schulcurriculum			

Die entscheidende Größe für das Gelingen dieses systemischen Prozesses ist der Schulleiter/die Schulleiterin. Nur er/sie kann die erforderlichen

Organisationsstrukturen schaffen und die Möglichkeit für die Implementierung der Fortbildungsinhalte eröffnen.

Eine grundlegende Voraussetzung dafür ist die Absprache zwischen Kollegium und Schulleitung zur Priorisierung der Arbeitsvorhaben der Schule. Dadurch und mit Hilfe klarer Zielformulierungen kann der beabsichtigte schulische Entwicklungsprozess für alle Lehrkräfte transparent und für die Schulleitung im Sinne des Projektmanagements steuerbar werden.

Auch die Auswahl der Multiplikatoren ist eine der ganz entscheidenden Gelingensbedingungen. So sollten die Multiplikatoren bestimmten Kriterien entsprechen, wie z. B. erfolgreiche eigene Unterrichtspraxis, Reflexionskompetenz, Akzeptanz im Kollegium, Beratungskompetenz, Sicherheit im Auftreten, etc.

Schließlich gilt es zu überlegen, wann und in welchem Rahmen die Multiplikatoren die Qualifizierungsinhalte in das Kollegium bringen sollen. Sollen dies Gesamtkonferenzen, Pädagogische Konferenzen oder aber (in großen Systemen) immer Pädagogische Tage sein.

Dieses grundlegend wichtige Thema wird in der Auftaktveranstaltung ausführlich erörtert, Gelingensbedingungen besprochen ebenso mögliche Stolpersteine und Probleme.

Förderliche Organisationsstrukturen

- möglichst häufig Klassenlehrerunterricht

- Teamstrukturen entwickeln (Jahrgangsteams/ Klassenteams)

- feste Koordinationszeiten institutionalisieren

- Jahresarbeitspläne erstellen

- Nutzung von Konferenzen oder päd. Tagen zur Qualitätsentwicklung von Unterricht

PPT „Gelingensbedingungen"

„Die vollständige Präsentation finden Sie in der Onlinedatenbank unter www.kompetenzorientierte-Unterrichtsentwicklung.de im Baustein 1."

Eines der größten Probleme stellen gerade die verbindlichen Vereinbarungen in Kollegien aller Schulformen dar. Oftmals noch wird von Lehrkräften mit der „pädagogischen Freiheit" gegen verbindliche Vereinbarungen argumentiert.

Diese „Pädagogische Freiheit" soll nicht angetastet werden; sie besteht jedoch vorwiegend in der methodischen Gestaltung des Unterrichts und nicht mehr darin, zu entscheiden, wie guter Unterricht und gute Schule aussehen! Den Maßstab dafür bildet der jeweilige Referenzrahmen – was von Lehrkräften noch allzu oft übersehen wird.

Ein weiterer Aspekt der Beratung sind erste Überlegungen zum schulischen Förderkonzept, welches Bestandteil des Schulcurriculums ist. Das Förderkonzept besteht aus den besagten verbindlichen Vereinbarungen zum förder- und kompetenzorientierten Unterricht – verbindliche Vereinbarungen, ein schulischer Minimalkonsens, das ist das zentrale Thema für die Steuerung schulischer Entwicklungsprozesse. Gerade dieses Thema aber ist in vielen Kollegien noch nicht kommuniziert und nicht selbstverständlich.

Wie schon gesagt, ist schließlich der Schulleiter/die Schulleiterin bezüglich der zu treffenden verbindlichen Vereinbarungen (Beschlüsse) die entscheidende und zuständige Person! Von ihr wird eine zielführende Steuerung erwartet, die Entwicklungsprozess zur erfolgreichen Umsetzung bringt.

Hierbei unterstützt das Projektbüro „Individuell fördern – Lernen begleiten". Bereits bei der ersten Kontaktaufnahme von Schule und Leitung des Projektbüros wird die Grobstruktur des Entwicklungsvorhabens „Implementierung der Maßnahmen zum förder- und kompetenzorientierten Unterricht" besprochen. Dazu gehören auch die Vorüberlegungen zu den verbindlichen Vereinbarungen, zunächst zu einem Praxis-Baustein und schließlich sukzessiv zu jedem Praxis-Baustein. In den folgenden Kapiteln sind Hinweise auf verbindliche Vereinbarungen zu jedem Baustein kenntlich gemacht.

5.1 Erster Baustein
Beobachten und Wahrnehmen als Grundlage
förderdiagnostischen Arbeitens

In den folgenden drei Praxis-Bausteinen liegt der Schwerpunkt auf der Förder-/ Kompetenzdiagnostik; sie sind Grundlage zur Entwicklung der förderdiagnostischen Kompetenz von Lehrkräften und Grundlage eines kompetenzorientierten Unterrichts.

Warum ist die Anleitung zum Beobachten notwendig? Wir alle nehmen ständig alles Mögliche in unserer Umgebung wahr, versehen das Wahrgenommene mit Meinung und Wertung und ordnen es nach unserem Verständnis ein. Dies geschieht in ganz banalen Alltagssituationen und ganz automatisch, z. B. in Bus oder Bahn, ein Fahrgast steigt zu, wir nehmen ihn wahr in seiner ganzen Erscheinung und machen uns ein Bild, wir werten.

Wahrnehmen ist ein ganz subjektiver Prozess, der mit wertfreiem Beobachten nur den Ausgangspunkt gemeinsam hat!

Auch im alltäglichen Unterricht nehmen Lehrkräfte ständig viele verschiedene Abläufe, Vorgänge, Handlungen und Eindrücke wahr; darauf sind Lehrkräfte eingestellt und zwar sehr gut und sehr schnell. Das muss auch so sein, um das „Alltagsgeschäft" bewältigen zu können.

Fragt man eine Lehrperson z. B., wie lange sie wohl im Vertretungsfall in einer fremden Klasse braucht, um festzustellen, auf welchen Schüler (meist sind es Jungen, daher die männliche Form) sie besonders achten muss, schwanken die Zeitangaben zwischen drei und zehn Minuten.

Es gehört sozusagen zur Grundausstattung erfolgreichen Lehrerhandelns, möglichst schnell möglichst viel aufzunehmen, wahrzunehmen und darauf handelnd zu reagieren.

Doch das hat mit Beobachtung nichts zu tun! Wer beobachtet, fokussiert und sammelt – ganz wertfrei – alles, was zu sehen ist.

Was sehe ich? – ist daher auch die Leitfrage, wenn es um Beobachtung geht!

Definition von Beobachtung

Beobachtung ist die „absichtliche, aufmerksam selektive Art des Wahrnehmens, die ganz bestimmte Aspekte auf Kosten von anderen... beachtet. Gegenüber dem üblichen Wahrnehmen ist das beobachtende Verhalten planvoller, selektiver, von einer Suchhaltung bestimmt und von vornherein auf die Möglichkeit der Ausweitung des Beobachteten im Sinne der übergreifenden Absicht gerichtet."

(Graumann, Heckhausen Frankfurt/M.)

PPT „Aspekte der Beobachtung"

„Die vollständige Präsentation finden Sie in der Onlinedatenbank unter www.kompetenzorientierte-Unterrichtsentwicklung.de im Baustein 1."

Im Beobachten sind die meisten Lehrkräfte nicht gut geschult. Man kann das Beobachten aber trainieren; darum geht es im ersten und grundlegenden Baustein für den förder- und kompetenzorientierten Unterricht.

Was sehe ich? – Leitfrage für die Beobachtung!

Häufige Antworten sind:
- Der Schüler rechts mit dem weißen T-Shirt wehrt sich gegen den Jungen im schwarzen T-Shirt
- Dieser hat den anderen provoziert, lacht über ihn, spritzt mit etwas oder hat dem Jungen etwas abgenommen
- Die Schüler und die Schülerin im Umfeld unterstützen das, der stehende Junge macht dabei mit

Was sehe ich?
- Der Junge mit dem schwarzen T-Shirt lacht; er hält etwas in der Hand und weist dabei in Richtung auf den Jungen im weißen T-Shirt
- Dieser holt mit der Hand zum Schlag aus; es ist nicht erkennbar, wohin oder worauf er zielt
- Ein Schüler und eine Schülerin sitzen direkt in der Nähe, sie lachen
- Mit dem Rücken zum Betrachter steht ein Junge im schwarzen T-Shirt; er beteiligt sich an der Auseinandersetzung der beiden anderen Jungen; was er tut, ist nicht zu sehen.

Der Unterschied ist deutlich, er liegt in der frühen Beurteilung/Verurteilung der Akteure, lässt sofort die bewertende Einschätzung des Beobachters erkennen.

Genau darin aber liegt das Problem, wenn es um Förderung geht! Beobachten ist die Grundlage allen förderdiagnostischen Arbeitens und bildet die einzige Chance, Fördermaßnahmen zu entwickeln.

Deutung oder Beobachtung?
1. Lara verhält sich oft aggressiv gegenüber Lehrkräften.
2. Sie scheint nicht bereit zu sein, ihre MitschülerInnen in irgendeiner Weise zu unterstützen.
3. Sie beendet diese Arbeitsphase als erste ohne sich selbst zu kontrollieren.
4. Lara beginnt den Arbeitsauftrag äußerst unkonzentriert und schnell.
5. Nachdem die Lehrerin mit ihr geschimpft hat, stößt Lara den Tisch um.

Wie soll man fördern, wenn die Feststellung lautet: Er/Sie arbeitet oberflächlich?

Wo ist da ein „Hebel" zur Förderung und Veränderung anzusetzen?

Ganz anders, wenn die Feststellung lautet: Er/Sie liest den Arbeitsauftrag nicht oder nicht gründlich.

Hier kann die Lehrperson einen „Hebel", eine Intervention, ansetzen zur Förderung und so z. B. selbst oder durch einen anderen Schüler den Arbeitsauftrag noch einmal vorlesen lassen, den Arbeitsauftrag in eigenen Worten wiederholen lassen, ... etc.

Es wird Lehrkräften an diesen Beispielen sehr schnell deutlich, dass die eigene Wahrnehmung überprüft und das Beobachten unbedingt trainiert werden muss, wenn man Schülern gerecht werden will und um adäquate Förderung bemüht ist.

Wichtig ist die Erkenntnis in die subjektive Wahrnehmung und die Sensibilisierung für das Problem der subjektiven Wahrnehmung – dies gilt durchaus auch für private, außerschulische Situationen. Beobachtung als Grundlage des Handelns beugt Beurteilungen und Vorverurteilungen vor und erhöht die Toleranz!

Was ist Beobachtung – was ist Wahrnehmung?

Ein Auszug aus einem **„Beobachtungsvermerk über den Schüler S. in der Klasse 8"** verdeutlicht die bisherigen Ausführungen:

„Das Verhalten des Schülers S. ist sehr auffällig. Das Einhalten von Regeln ist für ihn Ausnahme. S. wird von permanenter Unruhe dominiert, die sich durch Zappeln und häufiges Aufstehen bemerkbar macht .... S. schaukelt mit dem Stuhl und fällt dabei mehrfach am Tag um. Heft, Bücher und sonstige Arbeitsmaterialien sind selten vollständig vorhanden. Stifte zerbricht er und wirft sie dann durch die Klasse. Er nimmt während des Unterrichts permanent Kontakt zu seinen Nachbarn auf, um mit ihnen zu schwätzen. Die erste bis dritte Stunde, manchmal auch noch die vierte Stunde ist er mit viel gutem Zureden noch einigermaßen „bei der Stange zu halten". Ab der fünften Unterrichtsstunde ist bei ihm nur etwas zu erreichen, wenn man bei ihm ist und wie auf einen lahmen Gaul einredet. ..."

Gründe für Schülerbeobachtungen gibt es im schulischen Alltag genügend:

- Ermittlung von Lernständen
- Feststellung des Arbeits- und Sozialverhaltens
- Grundlage für Gespräche
- Festlegung von Interventionen
- Erstellung von Förderplänen

Dies gilt sowohl für schwache wie auch für starke Schüler.

Kategorien von Beobachtungen

- unsystematisch oder systematisch

- in direkter oder in nicht direkter Form

- in unstrukturierten oder in strukturierten Situationen.

Die zeitliche und örtliche Dimension der Beobachtung kann geregelt oder ungeregelt sein.

Beobachtungen werden allgemein beschrieben oder kodiert erfasst.

PPT „Aspekte der Beobachtung"

„Die vollständige Präsentation finden Sie in der Onlinedatenbank unter www.kompetenzorientierte-Unterrichtsentwicklung.de im Baustein 1."

Zu den systematischen Beobachtungen ist weiter auszuführen, denn diese werden unter bestimmter Zielsetzung angestellt und sollen Erklärungen geben für Schülerverhalten, Fördermaßnahmen, Gespräche und Interventionen.

Systematische Beobachtungen unterliegen einer Schwerpunktsetzung und klaren Auftragsstellung:

Systematische Beobachtungen

a) Unter einem Aspekt:

„In der kommenden Woche werde ich besonders auf die Streitereien von Thomas achten!"

b) Standardisierte Situationen:

„Beobachtung beim stillen Erlesen"

„ Beobachtung bei Experimenten"

c) Zeitstichproben-Technik

„Ich beobachte in den nächsten zwei Wochen Michael täglich in der großen Pause!"

Änderung der Perspektive: *„Ich notiere mir nächste Woche nur positives Verhalten!"*

PPT „Aspekte der Beobachtung"

„Die vollständige Präsentation finden Sie in der Onlinedatenbank unter www.kompetenzorientierte-Unterrichtsentwicklung.de im Baustein 1."

Ganz wesentlich ist dabei die Notation, die Dokumentation der Beobachtungen. Diese bedürfen eines bestimmten Rahmens. Beobachtungsbogen bieten sich hierzu an. Sie sollten leicht handhabbar, systematisch und übersichtlich gegliedert sein.

Dazu eignen sich selbst entwickelte Beobachtungsbogen aber auch die von Verlagen veröffentlichten Beobachtungsbogen.

Wichtig ist immer eine kritische Überprüfung der Beobachtungskriterien: Beinhalten sie bereits Bewertungen? Sind sie neutral formuliert? Dienen sie dem Beobachtungsauftrag?

Schließlich: Beobachtungsbogen sollten in einem Kollegium, mindestens jedoch in einem Klassenteam, einheitlich eingesetzt sein! Das erleichtert den Austausch und die Abstimmungsprozesse ganz erheblich. Selbstverständlich muss ein solch einheitlich genutzter Beobachtungsbogen gemeinsam entwickelt und vereinbart werden.

Eine solche Vereinbarung über einen einheitlich genutzten Beobachtungsbogen würde dann auch in das schulische Förderkonzept und damit in das Schulcurriculum aufgenommen werden.

Auch andere Dokumentationsformen sind in der schulischen Praxis vorzufinden und selbstverständlich nutzbar; wichtig ist die Funktionalität und die gemeinsame Absprache.

Andere Dokumentionsmöglichkeiten

Texte, Beschreibungen

Schematische Dokumentationen

- Strichlisten

Kategoriensysteme

Kritik üben · Standpunkt vertreten · mit Kritik umgehen · mit Stress umgehen · eigenverantwortlich arbeiten · Zeit einteilen · flexibel reagieren · Prioritäten setzen

PPT „Aspekte der Beobachtung"

„Die vollständige Präsentation finden Sie in der Onlinedatenbank unter www.kompetenzorientierte-Unterrichtsentwicklung.de im Baustein 1."

Ein ganz besonderer und sehr förderlicher Aspekt der Beobachtung ist die Selbstbeobachtung des Schülers. Häufig wird die Selbstbeobachtung genutzt, wenn es um Veränderungen des Arbeits- und/oder Sozialverhaltens geht.

Formen der Selbstbeobachtung

Direkte Beobachtung

- durch Anregung zur Selbstbeobachtung
- durch Selbstbeobachtungsbögen

Ziele:

Reflexion des eigenen Verhaltens und Erlebens

verbesserte Selbsteinschätzungen

Lösungsstrategien

PPT „Aspekte der Beobachtung"

„Die vollständige Präsentation finden Sie in der Onlinedatenbank unter www.kompetenzorientierte-Unterrichtsentwicklung.de im Baustein 1."

Ganz wichtig ist die Erfahrung der Selbstbeobachtung immer auch für das selbstständige Lernen und die Selbststeuerung des Lernens, also ein Ertrag für die Metaebene der Lernstrategien!

Selbst beobachtete und dann reflektierte Verhaltensweisen haben eine vielfach stärkere Wirkung als die von der Lehrkraft rückgemeldeten! Außerdem kann nur dann Veränderung in Gang kommen, wenn Einsicht vorausgegangen ist. Die eigene Beobachtung unter vorher vereinbarten Beobachtungskriterien ist eine sehr wirksame Erfahrung für Schüler!

Die Fähigkeit des Beobachtens als ersten Schritt zur förderdiagnostischen Kompetenz ist lernbar. Ist einmal die Bewusstmachung von Beobachten und Wahrnehmen erfolgt, lässt diese Erkenntnis nicht mehr los. Sie ist die Basis für eine förderdiagnostische Handlungskompetenz, die sich aufbaut über:

■ **beobachten**
   wertfrei, Verhalten und Leistung, Stärken und Schwächen, in verschiedenen Situationen,
   Einsatz von Beobachtungsbogen

■ **sammeln**

Gespräche mit dem Schüler über Lernen und Lerngegenstand,
verändertes Fehlerverständnis: Fehler als Schritte zur Lösung sehen,
Arbeitsergebnisse einbeziehen
Austausch mit Kollegen, Eltern, u. a.
weitere Informationen einholen: lernpsychologische, fachliche, …

■ **bilanzieren**

Ergebnisse bündeln und interpretieren

■ **Förderplan entwickeln**

Ergebnisse rückmelden
beraten
Vereinbarungen treffen
begleiten.

Zugleich erleichtern Beobachtungen jegliche Gespräche und Beratungen,
jeden Austausch, ob mit Eltern, Schülern oder mit Kollegen.

Beobachtungen bieten eine sachliche und neutrale Ausgangsbasis, die
durch die Beobachtung und deren Sammlung meist ganz von selbst zur Diagnose oder zu Schlussfolgerungen führt. Entscheidend ist, dass Emotionen
und persönliche Interpretationen und Bewertungen reduziert oder besten-
falls ganz ausgeschlossen sind. Das macht den Blick frei auf das Individuum
in seiner Einmaligkeit und Besonderheit, seine Rahmenbedingungen und
Voraussetzungen und führt zu mehr Toleranz.

Wie bereits oben erwähnt, ist es in Kollegien sehr hilfreich, wenn alle
Lehrkräfte oder wenigsten diejenigen, die in einer Klasse, einem Jahrgang
unterrichten, mit demselben Beobachtungsbogen arbeiten. Damit ist eine
einheitliche Gesprächs- und Verständigungsgrundlage geschaffen, die die
Kommunikation und dann die Arbeit wesentlich erleichtert.

Ein solcher einheitlich genutzter Beobachtungsbogen oder auch Selbstbeobach-
tungsbogen stellen eine verbindliche Vereinbarung dar, die, wie bereits oben
erwähnt, in das schulische Förderkonzept und damit in das Schulcurriculum aufgenommen werden müssten.

5.2 Zweiter Baustein
Methoden der Lernstandsermittlung

Lernstandsermittlungen sind so genannte formative Erhebungen/Evaluationen zur Feststellung des individuellen Lernstandes im Lernprozess – ohne Bewertung, ohne Notengebung!

Lernstandsermittlungen dienen der pädagogischen Diagnostik und sind unverzichtbare Grundlage individueller Fördermaßnahmen und Beratungsgespräche.

Sie zeigen auf, wo der Einzelne steht; sie dienen auch als Frühwarnsystem, um rechtzeitig Lern- und Entwicklungsgefährdungen zu erkennen.

Wie aber können Lehrkräfte nun eine Lernstandsermittlung erstellen und durchführen?

Unterrichtsplanung und -durchführung sind getragen von den Fragestellungen der Pädagogischen Psychologie und der Didaktik (vgl. Kap. 4):

Pädagogische Psychologie

konstruktivistischer Ansatz

Wo steht sie/er im Lernprozess?

Was braucht die Schülerin/ der Schüler zum erfolgreichen Lernen?

Didaktik als Theorie des Unterrichts

kompetenzorientierter Ansatz

Wie muss kompetenzfördernder Unterricht gestaltet sein, damit erfolgreiches Lernen stattfinden kann?

Wie können Wissenselemente des Lerngegenstandes zu Kompetenzen geführt werden?

PPT „Methoden der Lernstandsermittlung"

„Die vollständige Präsentation finden Sie in der Onlinedatenbank unter www.kompetenzorientierte-Unterrichtsentwicklung.de im Baustein 2."

Als Antwort genügt es nun nicht einfach festzustellen, dass Schüler Robert der letzte in seiner Lerngruppe ist.

Auf dieser Grundlage lassen sich keine gezielten Fördermaßnahmen ableiten.

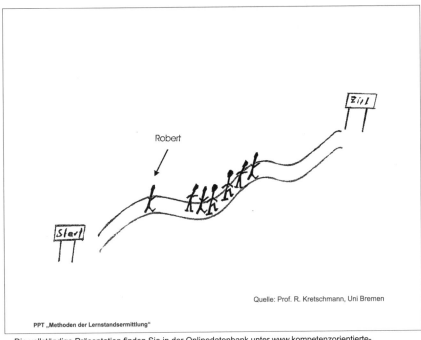

Quelle: Prof. R. Kretschmann, Uni Bremen

PPT „Methoden der Lernstandsermittlung"

„Die vollständige Präsentation finden Sie in der Onlinedatenbank unter www.kompetenzorientierte-Unterrichtsentwicklung.de im Baustein 2."

Es ist vielmehr unabdingbar notwendig, den Stand im Lernprozess ganz fach- und themenspezifisch zu ermitteln.

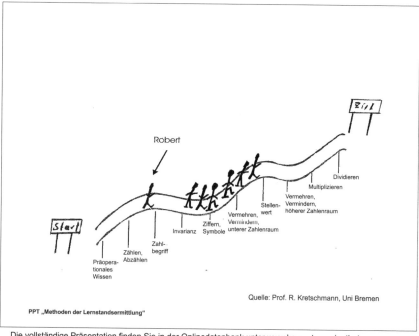

Quelle: Prof. R. Kretschmann, Uni Bremen

PPT „Methoden der Lernstandsermittlung"

„Die vollständige Präsentation finden Sie in der Onlinedatenbank unter www.kompetenzorientierte-Unterrichtsentwicklung.de im Baustein 2."

(Beispiel aus der Grundschule)

Lernstandsermittlungen sind immer bezogen auf den jeweiligen Lerngegenstand und den diesbezüglichen Lernstand des Schülers.

Wenn ermittelt wird, dass Roberts Lernstand bisher nur den Zahlenbegriff umfasst, kann dieser Schüler Aufgabenstellungen aus den folgenden Bereichen, z. B. Aufgaben zum Stellenwert von Zahlen, nicht lösen können!

Wenn eine Lehrkraft nun jedoch nicht den individuellen Lernstand erhebt und im Unterricht in der Wissensvermittlung weiter voran schreitet, kann und wird Robert nicht erfolgreich sein. Wird dieses Lernproblem jedoch erst am Ende der Unterrichtseinheit festgestellt, durch Noten bewertet, wird Robert zwangsläufig zu den „schlechten" Schülern gehören. Er hat den Anschluss an die Lerngruppe verloren und, was schwerwiegend für alles weitere Lernen ist, er hat den fachlichen, inhaltlichen Anschluss verloren!

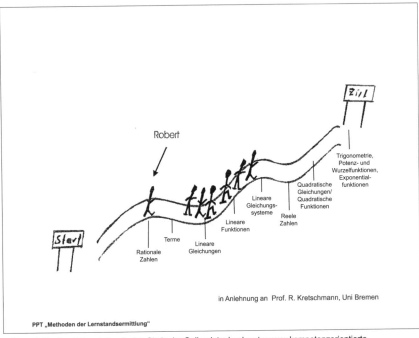

in Anlehnung an Prof. R. Kretschmann, Uni Bremen

PPT „Methoden der Lernstandsermittlung"

„Die vollständige Präsentation finden Sie in der Onlinedatenbank unter www.kompetenzorientierte-Unterrichtsentwicklung.de im Baustein 2."

(Beispiel aus der Sekundarstufe)

Mit Lernstandsermittlungen sind nun nicht nur standardisierte Verfahren oder lehrwerksgebundene Lernstandsermittlungen gemeint, sondern vielmehr die in der täglichen Unterrichtsplanung vorgesehenen Arbeitsblätter, Übungen, Aufgaben, die als Indikator für das erfolgreiche Bewältigen der bisherigen Aufgabenstellungen und Lernanforderungen dienen können.

Sie sind zwingend notwendig, bevor eine nächst höhere Anspruchsebene in der stofflichen, inhaltlichen Progression erfolgen soll. Wer nicht feststellt, wo die Schüler im inhaltlichen Lernprogress stehen, muss sich nicht wundern, wenn diese das Ziel nicht erreichen – nicht erreichen können. Es geht um die Funktion der eingesetzten Ermittlungs- und Überprüfungsverfahren!

Der funktionale Stellenwert von Lernstandsermittlungen besteht in der Feststellung des Lernstandes mit dem Ziel der individuellen Beratung und Förderung im Lernprozess.

Der funktionale Stellenwert von Lernstandsermittlungen besteht dagegen nicht in der Benotung des – vielleicht bisher unzureichenden – Lernprozesses.

Selektionsdiagnostik	Kompetenzdiagnostik
Blick auf Fehler / negative Verhaltensweisen	Blick auf Fähigkeiten und Schwächen
Person des Schülers / der Schülerin im Blickpunkt	Das gesamte Lernumfeld ist im Blickpunkt
Typologisierung, Klassifikation	Erklärende Beschreibung des Verhaltens
Möglichst objektive Bestimmung von Eigenschaften des Schülers / der Schülerin > IQ-Tests	Möglichst objektive Beschreibung des gesamten Lernumfeldes
Fokus auf das, was Probleme macht und auffällt	Fokus auf den ganzen Menschen

PPT „Methoden der Lernstandsermittlung"

„Die vollständige Präsentation finden Sie in der Onlinedatenbank unter www.kompetenzorientierte-Unterrichtsentwicklung.de im Baustein 2."

An dieser Stelle wird deutlich, dass die Grundlage des pädagogischen Handelns eine entsprechende förderorientierte Haltung der Lehrperson und den Wandel im Rollenverständnis voraussetzt.

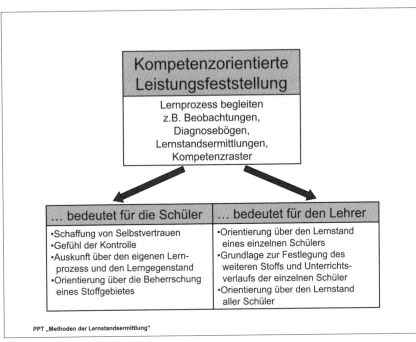

PPT „Methoden der Lernstandsermittlung"

„Die vollständige Präsentation finden Sie in der Onlinedatenbank unter www.kompetenzorientierte-Unterrichtsentwicklung.de im Baustein 2."

Dadurch wird zugleich eine wesentliche Voraussetzung für eine Veränderung des Lernklimas, für die Selbststeuerung, -reflexion und die Selbsttätigkeit der Lernenden gegeben.

Lernstandsermittlungen sollten daher auch zur Aufgabe der Schüler selbst gemacht werden. Selbsteinschätzungsbögen, informelle Test, Kompetenzraster, Checklisten, u.ä. dienen nicht nur der Lernstandsermittlung, sie unterstützen selbstverantwortetes Lernen durch Einsicht in den eigenen Lernprozess.

„Lernende aktiv in formative Lernstandsfestellungen einzubeziehen ist nicht nur ein pragmatischer Zugang; ihnen wird damit auch Verantwortung für den eigenen Lernprozess und dessen Steuerung übergeben ..." (HKM/Afl 2011, S. 23).

Für die Unterrichtsplanung ist des Weiteren wichtig, Lernstandsermittlungen an verschiedenen Stellen im Lernprozess vorzusehen:

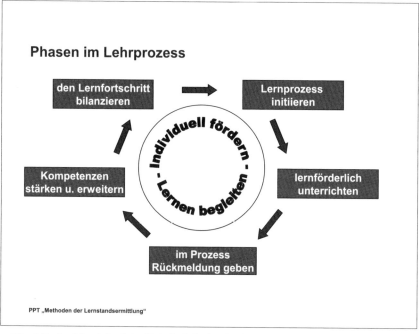

PPT „Methoden der Lernstandsermittlung"

„Die vollständige Präsentation finden Sie in der Onlinedatenbank unter www.kompetenzorientierte-Unterrichtsentwicklung.de im Baustein 2."

Durch diesen Überblick auf den Lehr-/Lernprozess wird deutlich, dass Lernstandsermittlungen sehr wohl ohne Benotung erfolgen können – Benotung erfolgt am Ende des Lernprozesses, wenn der Lernfortschritt abschließend bilanziert wird! Dann gelten für alle, so die Grundsätze zur Leistungsfeststellung, die gleichen Maßstäbe. Bis dahin jedoch ist der Auftrag der Lehrkraft die möglichst optimale individuelle Förderung eines jeden Schülers.

Um eine solche förderorientierte Haltung und Umsetzung im schulischen Alltag durchhalten zu können, müssen Lehrkräfte aus der Einzelarbeit heraustreten und im Klassenteam, besser noch im ganzen Kollegium, die Bedeutung und Funktion von Lernstandsermittlungen besprechen, erproben und schließlich festschreiben im schulischen Förderkonzept und damit im Schulcurriculum.

Die Lehrkraft als Einzelkämpfer wird ansonsten erfahrungsgemäß mit der Zeit aufgeben, wenn nur sie alleine Lernstandsermittlungen mit dem Ziel der Förderung und Unterstützung von Schülern einsetzt. Hier sind gemeinsam erarbeiteter Konsens und einheitliche Praxis eine entscheidende Grundlage für das Ethos (der Begriff ist bewusst gewählt) eines Kollegiums, einer Schule und damit für den Lernerfolg der Schüler.

5.3 Dritter Baustein
Arbeit mit dem Förderplan

Dieses Thema löst meist keine große Begeisterung aus, vielmehr wird das Anfertigen von Förderplänen als nutzlose Schreibarbeit betrachtet, in der kein Gewinn und daher kein Sinn gesehen wird. Aus diesem Grund ist man in vielen Schulen dazu übergegangen, abhakbare Checklisten anstelle von Förderplänen einzusetzen, oft mit dem Förderschwerpunkt im Elternhaus.

Arbeit mit Förderplänen gehört nicht zur Ausbildung der Lehrkräfte an Regelschulen; sie war selbstverständlicher Arbeitsschwerpunkt für Lehrkräfte an Förderschulen. Ohne adäquate Implementierung, Erklärung und Einführung in die Arbeit mit diesem für Regelschulen neuen Instrument „Förderplan" aber, ist die ablehnende Haltung auf Seiten der Lehrkräfte nachvollziehbar.

Das ist bedauerlich, denn Arbeit mit Förderplänen bedeutet eigentlich immer Lernberatung und -begleitung, ist eine hoch verantwortliche, zugegebenermaßen zunächst auch aufwändige pädagogische Arbeit. Sie setzt förderdiagnostische Kompetenz voraus, so wie sie in den vorangehenden Kapiteln beschrieben wurde (vgl. Baustein 1 und 2).

„Förderung der einzelnen Schülerin und des einzelnen Schülers ist Prinzip des gesamten Unterrichts und Aufgabe der gesamten schulischen Arbeit."[Fn.1]

---

1. Siehe §2 Abs. 1 Satz 1 der Verordnung zur Ausgestaltung der Bildungsgänge und Schulformen der Grundstufe(Primarstufe) und der Mittelstufe (Sekundarstufe I) und der Abschlussprüfungen in der Mittelstufe (VOBGM), 19.08.2011).

Individuelle Förderpläne durch die Schule

§ 6 VO Gestaltung des Schulverhältnisses:

„Individuelle Förderpläne ... sind schülerbezogene Pläne, die anlassbezogen individuell die besonderen Fördermaßnahmen der Schule ... konkretisieren.
Förderpläne sollen die konkreten Maßnahmen der Schule beschreiben."

PPT „Arbeit mit Förderplänen"

„Die vollständige Präsentation finden Sie in der Onlinedatenbank unter www.kompetenzorientierte-Unterrichtsentwicklung.de im Baustein 3."

Arbeit mit Förderplänen basiert auf grundlegendem professionellem pädagogischem Können und baut sich auf über:

Förderdiagnostische Handlungskompetenz baut sich auf über:

* **beobachten**

  wertfrei, Verhalten und Leistung, Stärken und Schwächen,

  verschiedene Situationen, Beobachtungsbogen

* **sammeln**

  Gespräche mit den SuS über Lernen und Lernprozess,

  verändertes Fehlerverständnis: Fehler als Schritte zur Lösung,

  Arbeitsergebnisse einbeziehen, Austausch mit Kollegen, Eltern u. a,

  weitere Infos einholen: lernpsychologische, fachliche, etc.

* **bilanzieren**

  Ergebnisse bündeln, interpretieren

* **Förderplan entwickeln**

  Ergebnisse rückmelden, beraten, Vereinbarungen treffen, begleiten

PPT „Arbeit mit Förderplänen"

„Die vollständige Präsentation finden Sie in der Onlinedatenbank unter www.kompetenzorientierte-Unterrichtsentwicklung.de im Baustein 3."

Niemand fühlte sich bei einem Arzt aufgehoben, der nach der ersten Bekundung des Patienten über Druckgefühl im Bauchraum sofort eine Blinddarm-Operation vorschlägt/bilanziert. Hier erwartet jeder eine gründliche Diagnose, das Ausschließen verschiedener Ursachen und das überlegte Ableiten geeigneter Maßnahmen.

Genau so sind Förderpläne anzulegen: es gibt einen Klärungsbedarf, Lern- oder Verhaltensschwierigkeiten, ein Störungsbild. Es setzt gezielte Beobachtung ein und vor allem: der Austausch mit dem Klassenteam über die Schülerin/den Schüler. Gerade an dieser Stelle ist die Kooperation und sind funktionierende Kooperationsstrukturen grundlegend wichtig und erleichtern die Arbeit.

Sie sollten daher unbedingt ihre Verortung im schulischen Arbeitsplan haben:

Vorschlag zur Einordnung des Förderplankreislaufes im Jahresplan

→ Sj.11-12

Tag	August 2011	September 2011	Oktober 2011	November 2011	Dezember 2011	Januar 2012	Februar 2012	März 2012	April 2012	Mai 2012	Juni 2012	Juli 2012
1	X	der in Frage		Förderplan-teams/		X	3.Konferenz,		X	X		X
2	X	kommenden		Klassenkon-ferenz		X	evtl. neuer		X			X
3	X	Schüler				X	Förderplan,		X			X
4	X					X	ggf. BFZ		X			X
5	X	hierfür				X	einschalten		X			X
6		1. Konferenz				X			X			X
7									X	X		X
8									X	X		X
9									X			X
10			X	Förderplan-konferenz					X			X
11			X						X			X
12			X	(siehe Leitfa-den)					X			X
13			X						X			X
14			X									X
15			X	→ Eltern								X
16			X	informieren/ mit								X
17			X	Eltern u. Schüler						X		X
18		gezielte	X	Maßnahmen						X		X
19		Beobachtun-gen	X	absprechen								X
20		durch	X				X					X
21		Klassenteam	X		X							X

Tag	August 2011	September 2011	Oktober 2011	November 2011	Dezember 2011	Januar 2012	Februar 2012	März 2012	April 2012	Mai 2012	Juni 2012	Juli 2012
22					X							X
23		und/oder			X							X
24		Diagnostik			X							X
25					X							X
26		und			X							X
27		Material-/ Info-			X							X
28		Sammlung,			X	spätes- tens:						X
29		Elternge- spräche			X	Überprü- fung						X
30	Beobach- tung/		Zusam- men-		X	der Zie- ler-						X
31	Auswahl		stellung des		X	reichung,						X

Hinweis:
X = Ferien

51

Federführend liegt die Verantwortung für den Förderplan einer Schülerin/eines Schülers in der Hand der Klassenlehrkraft. Sie beruft die Klassenkonferenz ein, tauscht aus über die Schülerin/den Schüler, die besonderer Beobachtung und Klärung bedürfen und holt nach einem vereinbarten Beobachtungszeitraum erneut die Informationen der Fachlehrkräfte ein. Erst dann kommt es zur Bilanzierung und Festlegung von Förderschwerpunkten und Förderzielen. Die Maßnahmen werden inhaltlich durch die jeweilige Fachlehrkraft bedient; sie stellt (zusätzliche) Lernaufgaben zusammen und sorgt im Rahmen binnendifferenzierter Maßnahmen für adäquate Lernangebote.

Förderplankreislauf

1. Schritt	Beobachtung und Auswahl der in Frage kommenden Schüler/innen
2. Schritt	Gezielte Beobachtung durch das Klassenteam
3. Schritt	Zusammenstellung des Förderplan- Klassenteams
4. Schritt	Beschreibung der Lernausgangslage, Stärken und Schwächen
	Prioritätensetzung, Bestimmung konkreter Förderschwerpunkte und -ziele
	Erstellung des Förderplans
5. Schritt	Umsetzung und Dokumentation
6. Schritt	Überprüfung der Zielerreichung, evtl. neuer Förderplan

PPT „Arbeit mit Förderplänen"

„Die vollständige Präsentation finden Sie in der Onlinedatenbank unter www.kompetenzorientierte-Unterrichtsentwicklung.de im Baustein 3."

Die Sorge und Klage vieler Lehrkräfte über zu viele Förderpläne, für die sie verantwortlich sind, reduziert sich bei dem beschriebenen Vorgehen ganz deutlich: die Klassenlehrkraft ist für die Förderpläne der Schüler ihrer Klasse verantwortlich, berät diese Schüler und die Eltern.

Als Fachlehrkraft in anderen Klassen jedoch ist sie insoweit am Förderplan beteiligt, als sie für die auf ihr Fach bezogenen Lernstandsermittlungen (vgl. Baustein2) und die daraus resultierenden Übungsaufgaben/Fördermaßnahmen Sorge trägt.

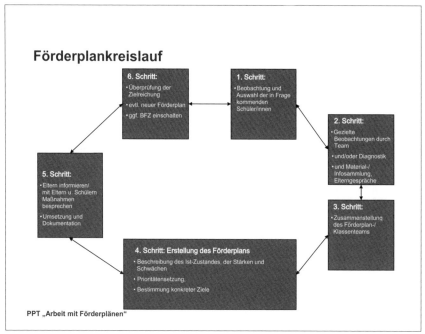

PPT „Arbeit mit Förderplänen"

„Die vollständige Präsentation finden Sie in der Onlinedatenbank unter www.kompetenzorientierte-Unterrichtsentwicklung.de im Baustein 3."

Die Begleitung und Beratung liegt somit weitgehend in der Hand der Klassenlehrkraft, da diese die zentrale Verantwortung für „ihre" Schüler hat, und – zumindest in Hessen – sogar nachdrücklich in der Dienstordnung auf diese beratende Aufgabe verpflichtet ist:

„§ 9 (1) Lehrkräfte sind verpflichtet, das Amt einer Klassenlehrerin oder eines Klassenlehrers zu übernehmen. Die Klassenlehrerin oder der Klassenlehrer soll die Schüler der Klasse in allen schulischen Angelegenheiten beraten. Dazu ist es notwendig, dass sie oder er das Verhalten und die Leistungen der Schülerinnen und Schüler im Unterricht auch der anderen Lehrerinnen und Lehrer kennt.

(2) Die Klassenlehrerin oder der Klassenlehrer steht in besonderem Maße den Eltern zur Beratung zur Verfügung und ist für die Führung der den Unterricht betreffenden Unterlagen verantwortlich."[Fn. 1]

Eine immer wieder feststellbare Schwierigkeit und zeitliche Erschwernis, stellt die Führung einer Förderplankonferenz dar. Wenn nicht alle Kollegen im Beobachten und Notieren der Beobachtungen geübt sind, läuft die För-

---

1. Siehe § 9 Abs. 1 Dienstordnung für Lehrkräfte, Schulleiterinnen und Schulleiter und sozialpädagogische Mitarbeiterinnen und Mitarbeiter, 08. Juli 1993.

derplankonferenz immer wieder Gefahr, zum Austausch der jeweiligen schlechten Erfahrungen mit diesem oder jenem Schüler zu werden; es wird gerne geschildert, was er/sie im Unterricht wieder gemacht oder nicht gekonnt hat.

Mit dieser Art der Konferenzführung wird viel Zeit investiert, Effizienz und planbare Konsequenzen kommen zu kurz und so wird der Ertrag einer solchen Konferenz verständlicherweise nicht hoch geschätzt.

Hier bietet sich die „Kollegiale Fallberatung in der Förderplankonferenz" nach Prof. Mutzeck an, um stringent und zielführend die einzelnen „Fälle" zu besprechen und Förderziele und -maßnahmen zu entwickeln.

Die kollegiale Fallberatung in der Förderplankonferenz
(nach Mutzeck)

1. **Schritt: Festlegung von Leitung und Zeitwächter (5 – 10 Minuten)**

    Zu Beginn der kollegialen Fallberatung wird vereinbart, wer die Gruppe leitet, d.h. die Zeit strukturiert und Übergänge herstellt sowie Anfang und Ende einläutet.

2. **Schritt: Vortragen der Problemsituation (10 – 15 Minuten)**

    Fallgeber erzählt und orientiert sich dabei an folgenden Fragen:

    - Worum geht es?

    - Wer ist involviert?

    - Was ist bisher geschehen?

    Regel: Der Fallgeber spricht alleine und wird nicht unterbrochen!

3. **Schritt: Nachfragen (5 Minuten)**

    Die Teilnehmer können Informations- und Verständnisfragen stellen, die den Fall verdeutlichen.

    Regel: Nur Informations- und Verständnisfragen – keine Diskussion!

4. **Schritt: Festlegung der Prioritäten und Ziele (10 Minuten)**

    Gemeinsam werden 3 Prioritäten festgelegt und dazu 3 Ziele formuliert. Die Teilnehmer prüfen, ob die Ziele für sie eindeutig und umsetzbar sind (SMART).

5. **Schritt: Sammeln von Maßnahmen (5 – 10 Minuten)**

    Alle Teilnehmer notieren zu jedem Ziel eine Maßnahme, die ihrer Meinung nach zur Erreichung des Ziels führen können und lesen diese laut vor.

    Regel: 1 Vorschlag pro Karte!

6. **Schritt: Konkretisierung von Maßnahmen (10 – 15 Minuten)**

    Der Fallgeber bzw. das Förderplanteam sortiert die Vorschläge nach …

    + +   sofort umsetzbar

    +   in naher Zukunft möglich

    -     zurzeit nicht vorstellbar (kann aber zu einem späteren Zeitpunkt wieder in Betracht gezogen werden)

7. **Schritt: Planung konkreter Schritte** (10 Minuten)

    + + Vorschläge werden zur Umsetzung im Aktionsplan festgehalten

FALLBERATUNG IN DER FÖRDERPLANKONFERENZ.DOC

„Die Vorlage finden Sie in der Onlinedatenbank unter www.kompetenzorientierte-Unterrichtsentwicklung.de im Baustein 3."

Wie sieht nun ein Förderplan aus? Was muss darin festgehalten sein? Hier ist es wichtig, die diesbezüglichen Rechtsgrundlagen zu berücksichtigen. Es gibt konkrete Vorgaben, die unbedingt abgebildet sein sollten; ausgedehnt, erweitert werden kann das Grundmuster jederzeit. Es macht jedoch keinen Sinn, ein Förderplanmodell völlig ohne die rechtlichen Orientierungen zu entwerfen, denn ein Förderplan ist rechtswirksam, auch einklagbar und Bestandteil der Schüler-Akte.

Folgende Aspekte sind wesentliche und rechtlich gesetzte Bestandteile eines Förderplanes:

Förderplan
(nach VOBGM vom 14.6.2005)

Name:	Klasse:
Gültig von:　　　　bis:	Lehrkraft:

1. Entwicklungsstand und Lernausgangslage

Bereich	Beschreibung
Aktueller Lern- und Leistungsstand	
Arbeits- und Lernverhalten	
Sozialverhalten/ emotionales Verhalten	
Bewegungsverhalten	
Lernumfeld	

2. Individuelle Stärken und Schwächen

Bereich	Beschreibung
Stärken	
Schwächen	

2. Förderchancen und Förderbedarf

	Förderbereiche	Prioritätenliste
Gewählte **Förderschwerpunkte** für den Planungszeitraum		1)........................ 2)........................ 3)........................

3. Förderziele

1) ....

2) ....

3) ....

4. Fördermaßnahmen

1)..

2)..

3)..

FÖRDERPLAN SCHULAMT.DOC

„Die Vorlagen finden Sie in der Onlinedatenbank unter www.schulleitung.de/kompetenz-orientierter-Unterricht im Baustein 3."

Wie bereits oben beschrieben, trägt die Klassenkonferenz unter Leitung der Klassenlehrkraft alle bekannten Daten zusammen und entwickelt auf dieser Grundlage erreichbare und konkret formulierte (SMART) Ziele.

Die eingangs erwähnte Lernberatung hat nun hier ihren Platz.

Es macht wenig Sinn, einem Schüler „drei Förderpläne"[Fn. 1] zu geben; das ist ein nicht zu bewältigendes Pensum. Vielmehr muss auf der Grundlage der Gesamtschau der Schülerpersönlichkeit sowie der Stärken und Schwächen, eine Priorisierung erfolgen, damit die vom Schüler zusätzlich zu erbringende Leistung eine realistische Anforderung darstellt.

Dazu muss z. B. abgewogen werden, ob der Schüler nun schwerpunktmäßig im nächsten Halbjahr alle Anstrengung in diesem oder jenem Fach konzentriert und ob man dafür in dem einen oder anderen Fach zunächst einmal eine tendenziell schwächere Leistung unbearbeitet lässt. Dazu bedarf es der Beratung des Schülers sowie der Eltern, auch (Ziel-)Vereinbarungen sind hier mögliche Maßnahmen.

Die Verantwortung für den Lernprozess und den Lernerfolg liegt bei diesem Vorgehen erkennbar stärker in der Hand des Schülers. Nur so können Anstrengungsbereitschaft, Selbststeuerung des Lernens und in Folge die so wichtigen Selbstwirksamkeitserfahrungen gemacht werden.

Förderplanarbeit muss in einer Schule gut organisiert und abgestimmt sein, damit nicht unnötige Arbeit, Reibung und Zeitaufwand entstehen. Dazu ist es notwendig, dass im Jahresarbeitsplan Termine für Förderplankonferenzen festgelegt sind.
Es ist des Weiteren unbedingt erforderlich, dass alle Lehrkräfte das gleiche Förderplanformular benutzen, damit der Austausch zügig von statten gehen kann und dieselben Aspekte beachtet werden. Das setzt voraus, dass im Kollegium über Förderplanarbeit, Sinn und Zweck, Zuständigkeit und Abläufe ausführlich gearbeitet worden ist.
Die auf diesem Weg getroffenen Absprachen und Vereinbarungen müssten dann festgeschrieben werden im schulischen Förderkonzept und somit im Schulcurriculum.

---

1. Aussage einer Lehrkraft

5.4 Vierter Baustein
Phasenmodell des Lehr- und Steuerungsprozesses als Grundlage lernförderlicher Unterrichtsgestaltung
Transparente Unterrichtsgestaltung als Voraussetzung für die Steuerung und Selbststeuerung von Lernprozessen

Mit diesem Baustein beginnt die stärkere Ausrichtung auf die Planung und Steuerung eines kompetenzorientierten Unterrichts.

Im Unterricht geht es auf Seiten der Schüler um erfolgreiche Lernprozesse, auf Seiten der Lehrkraft um die Initiierung und Begleitung dieser Lernprozesse.

Vor dem Hintergrund eines auf Kompetenzerwerb ausgerichteten Unterrichts sind andere, weitergehende Überlegungen bezüglich der Unterrichtsplanung und eine veränderte Steuerung der Unterrichtsdurchführung notwendig.

Als Hilfe und Orientierung für Lehrkräfte ist hierzu das Phasenmodell des Lehrprozesses geeignet.

Mit transparenter Unterrichtsgestaltung schaffen Lehrpersonen Gelingensbedingungen für erfolgreiche Lernprozesse.

Anwendungsorientierung und konstruktivistischer Lernbegriff sind die beiden entscheidenden Grundlagen des „literacy-Konzeptes" und des damit intendierten Veränderungsprozesses der sich vor allem in der Haltung der Lehrperson und im Unterrichtsskript niederschlägt (vgl. Kap. 3).

PPT „Phasenmodell des Lehrprozesses und transparente Unterrichtsgestaltung"

„Die vollständige Präsentation finden Sie in der Onlinedatenbank unter www.kompetenzorientierte-Unterrichtsentwicklung.de im Baustein 4."

Allen Veränderungen liegt eine verstärkte Aufmerksamkeit nicht mehr vorrangig auf Wissenserwerb, sondern auf Lernen und Lernprozess zugrunde. Ziel ist die Verbesserung der Lernergebnisse im Sinne von Kompetenzerwerb.

In der Pädagogischen Psychologie geht man von folgenden „Kernannahmen konstruktivistischer Auffassung von Lernen" aus:

■ Wissenserwerb als individueller Aufbauprozess
■ Eigenaktivität des Handelnden (Lernstrategien)
■ Konstruktion einer subjektiven mentalen Repräsentation neuer Informationen (Interpretation von Informationen auf der Grundlage von Vorerfahrungen und Intentionen)
■ Selbstverantwortliche Überwachung und Kontrolle des eigenen Lernens (metakognitive Regulation). (Hasselhorn 2008)

Daraus folgt eine veränderte Sicht und Zielsetzung auf Seiten der Lernenden:

Veränderte Sicht und Zielsetzung auf der Seite der Lernenden

- Wechsel zum selbstverantwortenden Lerner
- SchülerInnen entwickeln auf der Grundlage ihres Vorwissens eigenaktiv und selbsttätig ihren Wissens- und Könnensstand

PPT „Phasenmodell des Lehrprozesses und transparente Unterrichtsgestaltung"

„Die vollständige Präsentation finden Sie in der Onlinedatenbank unter www.kompetenzorientierte-Unterrichtsentwicklung.de im Baustein 4."

Wie aber sieht ein Lernprozess aus? Welche Schritte durchläuft der Lernende?

Diese Fragen lassen sich nach wie vor beantworten durch die Ausführungen Heinrich Roths in „Pädagogische Psychologie des Lehrens und Lernens" (Roth 1973). Er beschreibt sechs Lernschritte, die einen erfolgreichen Lernprozess ausmachen:

Zu einem erfolgreichen Lernprozess gehören folgende Lernschritte:

1. Lernschritt: Stufe der Motivation
2. Lernschritt: Stufe der Schwierigkeiten
3. Lernschritt: Stufe der Lösung
4. Lernschritt: Stufe des Tuns und Ausführens
5. Lernschritt: Stufe des Behaltens und Einübens
6. Lernschritt: Stufe des Bereitstellens, der Übertragung
   und der Integration des Gelernten

(nach H. Roth, Päd. Psychologie des Lehrens und Lernens)

PPT „Phasenmodell des Lehrprozesses und transparente Unterrichtsgestaltung"

„Die vollständige Präsentation finden Sie in der Onlinedatenbank unter www.kompetenzorientierte-Unterrichtsentwicklung.de im Baustein 4."

Das zentrale Ziel von Lernen ist immer der 6. Lernschritt, die Kompetenz, also das Anwenden-Können, so bereits bei Heinrich Roth, der 1971 den Kompetenzbegriff in die Erziehungswissenschaft eingeführt hat (Roth 1971, S. 180).

Was bedeutet dieses Wissen nun für die Lehrperson bei der Planung und Steuerung eines kompetenzorientierten Unterrichts? Welche Aufgaben erwachsen für sie daraus?

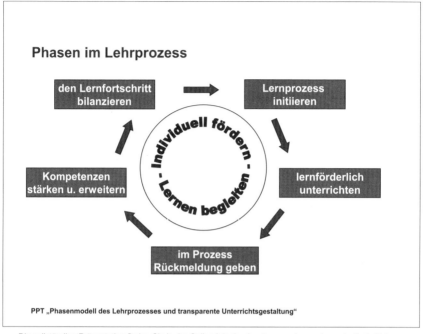

Phasen im Lehrprozess

den Lernfortschritt bilanzieren → Lernprozess initiieren

Individuell fördern - Lernen begleiten

Kompetenzen stärken u. erweitern

lernförderlich unterrichten

im Prozess Rückmeldung geben

PPT „Phasenmodell des Lehrprozesses und transparente Unterrichtsgestaltung"

„Die vollständige Präsentation finden Sie in der Onlinedatenbank unter www.kompetenzorientierte-Unterrichtsentwicklung.de im Baustein 4."

Um die erforderlichen Lernschritte im Lernprozess zu gewährleisten, müssen bei der Planung und Durchführung des Unterrichts die o.g. Phasen im Lehrprozess Beachtung finden. Sie sind die Steuerungsstellen, an denen die Lehrkraft den Lernprozess unterstützt, berät und begleitet.

Im Verlauf der Arbeit an den folgenden Bausteinen wird es darum gehen, diese Phasen intensiv zu erarbeiten und mit eigener Praxis zu untermauern.

Der erste Schritt hat mit der **transparenten Unterrichtsgestaltung** zu tun.

Spontan lassen sich einige Gründe für die Schaffung von Transparenz im Lernprozess nennen:

- Lerninhalt, Ziele und Beurteilung werden im Voraus überschaubar und berechenbar.
- Wenn man weiß, wohin es geht, kann man sich auf dieses Ziel einstellen (Selbstverantwortung).
- Offenlegung von Inhalten und Zielen ermöglicht effizientes Arbeiten.
- Wenn der Lernende das Ziel kennt, kann er seine Fähigkeiten/Kompetenzen darauf ausrichten (Selbsteinschätzung).
- Der Lernende kann seine Defizite/Schwächen und geeignete „Gegenmaßnahmen" besser einschätzen (Selbststeuerung).

■ Lernende fühlen sich ernst genommen und beteiligt (Selbstwirksamkeits-erfahrung).

Bei genauer Überlegung wird deutlich, wie wesentlich Transparenz für erfolgreiche Lernprozesse und selbstverantwortetes Lernen ist. Hier gilt es für Lehrkräfte, loszulassen und umzudenken, Schüler von Beginn an der inhaltlichen Auseinandersetzung zu beteiligen. Nicht mehr nur die Lehr-kraft weiß alleine, wohin es in der Unterrichtsstunde geht und die Schüle-rinnen/Schüler arbeiten sich fragend zum Ziel. Es ist ein gemeinsames Zusammenwirken von Lehrperson und Schüler/-innen mit unterschiedli-chen Rollen auf eine ausgewählte Zielsetzung hin.

Hinter der Idee transparenter Unterrichtsgestaltung steckt nachdrücklich die im theoretischen Teil (vgl. Kap. 3 und 4) beschriebene Intention des Ver-änderungsprozesses: der eigenverantwortliche Lerner und die Lehrperson als Initiator und Begleiter im Lernprozess!

Dabei bedarf es keinerlei Mehrarbeit, um Ziele, Inhalte, Bewertungen offen zu legen. Es bedarf „nur" einer anderen Haltung – und gerade dies scheint nicht ganz einfach zu sein, denn es bedeutet, Schülern etwas zuzu-trauen, eigene Planungen und Überlegungen offen zu legen, Lernprobleme zu besprechen und zu lösen und letztlich individuell zu fördern.

Es muss auch hier Bezug genommen werden zur Pädagogischen Psycho-logie, um den Nutzen transparenter Unterrichtsgestaltung ganz und gar zu erfassen.

In der Lernpsychologie geht man davon aus, dass erfolgreiches Lernen ganz bestimmter Voraussetzungen bedarf. Es ist die „gute Informationsver-arbeitung" des Lerners, die zum Erfolg führt.

Gute Lerner verfügen nach Pressley/Borkowski und Schneider (Hassel-horn/Gold, S. 67) über folgende Merkmale:
■ sie sind reflexiv
■ sie planen ihr Lernverhalten
■ sie nutzen effiziente Lernstrategien
■ sie wissen, wie, wann und warum solche Strategien einzusetzen sind
■ sie nutzen Lernstrategien zunehmend automatisch
■ sie überwachen ihre Lern- und Leistungsfortschritte
■ sie verfügen übe rein Kurzzeitgedächtnis mit hoher Kapazität
■ sie verfügen übe rein reichhaltiges Weltwissen
■ sie vertrauen ihren Lernfähigkeiten sie sind davon überzeugt, dass sie sich stets weiter verbessern können und halten dies auch für wünschens-wert
■ sie stellen sich immer wieder neue(n) Anforderungen.

Auch wenn nicht alle Schüler/-innen diese Voraussetzungen mitbringen, sie wenig oder stärker ausgeprägt oder ganz unterschiedlich mitbringen, sind mit diesen Merkmalen der guten Informationsverarbeitung zugleich Ziele eines Unterrichts beschrieben, der auf individuelle Förderung und Kompetenzerwerb setzt!

Alle diese Voraussetzungen kann ein Lerner aber überhaupt nur aktivieren, wenn Transparenz gegeben ist, wenn er übersieht, worum und wohin es geht. Der Lernprozess kann vom Lerner – unterstützt durch die Lehrkraft – nur erfolgreich selbst gesteuert werden, wenn möglichst umfassende Transparenz gegeben ist.

Wie sieht eine transparente Unterrichtsgestaltung aus?

Worauf muss die Lehrperson achten?

Sie sollte

- gleich mit Beginn einer neuen Unterrichtseinheit deren Zielsetzung offen legen, auch visualisieren, so dass diese immer präsent ist
- den Bewertungsmaßstab, das Mindestwissen, offen legen – was wird am Ende der Unterrichtseinheit abgeprüft, erwartet?
- jede Stunde mit der Offenlegung der Zielsetzung beginnen und schließlich in allen Phasen des Lernprozesses zur Steuerung und Unterstützung der Schüler genutzt werden
- die Möglichkeiten der Arbeits- und Sozialform erläutern und die Wahl frei geben
- so viel wie möglich offen legen und die Schüler beteiligen.

Folgende didaktische Leitfragen können anfangs die Planung und Durchführung einer transparenten Unterrichtsgestaltung erleichtern. Sie erlangen jedoch nur dann Wirkung, wenn diese Vorüberlegungen, Planungen und Absichten offen gelegt und mit den SchülerInnen besprochen werden.

Didaktische Leitfragen zu den Phasen im Lehrprozess

Vorüberlegungen

- Welche Kompetenzen sollen die SuS erreichen? (fachlich / methodisch / Lernstrategien)
- Welche Vorerfahrungen / Voraussetzungen muss ich berücksichtigen?
- Welche Grundanforderungen und erweiterten Anforderungen erwarte ich?
- Wie strukturiere und rhythmisiere ich den Unterrichtsverlauf?
- Sollen alle das Gleiche tun oder kann ich differenzieren?
- Welche organisatorischen Vorkehrungen treffe ich?
- Welche Lern- und Arbeitsmittel benötige ich?
- Mit welchen Hilfsmitteln möchte ich den Lernprozess begleiten?
- Sind die „Spielregeln" bekannt?

- Wann führe ich Lernstandsermittlungen, Beurteilungen/Bewertungen durch?
- Wie viele und in welcher Art führe ich Lernkontrollen durch?

I. Didaktische Leitfragen zu: *Voraussetzungen schaffen*

den Lernprozess initiieren

- Wie aktiviere ich das Vorwissen meiner Schüler?
- In welcher Form mache ich meine Ziele transparent / formuliere ich meine Absichten?
- Inwieweit können sich die Schüler eigene Ziele setzen
- Welche Art von Lernstandsermittlungen setze ich ein?
- Zu welchen Bereichen werden Vereinbarungen getroffen?

II. Didaktische Leitfragen zu: *Lernförderlich unterrichten*

a)   differenzierte Angebote machen
- Welche zusätzlichen Angebote / Hilfen sind notwendig?

Welche Materialien kann ich für Grundanforderungen und erweiterte Anforderungen anbieten?

b) **Den Lernprozess begleiten**
* Wie ist meine Vorgehensweise bei der Begleitung des individuellen Lernprozesses? (Kompetenzraster / Portfolio / Lernjournal)
* Welche Schüler benötigen besondere Unterstützung im Lernprozess?

III Didaktische Leitfragen zu: *Im Lernprozess Rückmeldung geben*

* Wie werden die gemachten Erfahrungen festgestellt / festgehalten?

  mündliche Form: Klassengespräch, Gruppengespräch, Einzelgespräch

  schriftliche Form: Hefte, Ordner, Portfolio, Lernjournal)
* Wie kann ich Anleitungen zur Selbstreflexion geben?
* In welcher Form kann ich beraten (Schüler / Eltern)?

IV. Didaktische Leitfragen zu: *Förderstrategien umsetzen*

* Welche gezielten Hilfen kann ich schwachen Schülern geben (durch Lehrer oder Schüler)?
* Welche zusätzlichen Angebote gibt es für starke Schüler?
* Wie kann ich das Lern- und Arbeitsverhalten gezielt positiv beeinflussen?

V. Didaktische Leitfragen zu: *Den Lernfortschritt bilanzieren*

* Wie werden welche Vereinbarungen dokumentiert?
* Wie kann ich selbst und/oder wie können die Lernenden die Lernfortschritte kontrollieren?

  (Stichproben, vollständige Lernkontrolle, Korrektur, Selbst-/ Fremdkontrolle)
* Wie gestalte ich den Prozess der Beurteilung/Bewertung?

  (Arbeiten / Prüfungen / Präsentationen / Kompetenzraster)

„Leitfragen zu Lehrprozessphasen.doc"

„Die Vorlage finden Sie in der Onlinedatenbank unter www.kompetenzorientierte-
Unterrichtsentwicklung.de im Baustein 4."

Das oben beschriebene Vorgehen sollte nicht nur von einer Lehrkraft alleine praktiziert werden. Wie bei allen Maßnahmen zum förder- und kompetenzorientierten Unterricht sollte sie im Kollegium besprochen und schließlich zu entsprechenden verbindlichen Vereinbarungen im pädagogischen Konzept geführt werden. So könnte z. B. als erster Schritt verbindlich festgelegt werden, dass zu Beginn einer neuen Unterrichtseinheit und zu Beginn jeder Unterrichtsstunde die Ziele transparent gemacht werden.

Rückmeldungen aus der Praxis eines transparent gestalteten Unterrichts bestätigen:

die Anstrengungsbereitschaft und die Selbststeuerung der Schüler werden größer, das Arbeitsklima verändert sich, der Lernerfolg wird größer.

Und schließlich: auch die Arbeitszufriedenheit der Lehrkräfte wird größer!

5.5 Fünfter Baustein
Einübung von Lernstrategien als Voraussetzung für selbstgesteuertes Lernen und Kompetenzerwerb

Die bewusste Einübung von Strategien zur Unterstützung des selbsttätigen Lernens ist in Bedeutung und Tragweite für erfolgreiches Lernen noch nicht genügend in den Blick gerückt worden.
Dabei stellt die Vermittlung und Einübung von Lernstrategien für Lehrkräfte kein aufwändiges Unterfangen dar. Es kommt jedoch auf eine veränderte Rolle der Lehrkraft an – die Lehrerin/der Lehrer als Lernberater!

„Wie lernen Menschen und wie kann man ihnen dabei helfen?" (Hasselhorn/Gold, S. 7) ist die grundlegende Fragestellung der Pädagogischen Psychologie – es ist auch die grundlegende Fragestellung für Lehrpersonen, die ihre Schülerinnen/Schüler zum selbstständigen Lernen anleiten wollen.

Wenn zur Erarbeitung und Einübung eines Gedichtes dieses mit Hilfe der Lernstrategie „etwas bildlich darstellen" visualisiert wird, können die Schülerinnen und Schüler das Gedicht selbsttätig erschließen, schneller erfassen und auswendig lernen.

Der entscheidende Schritt zur Lernstrategie und deren bewusstem Einsatz wird jedoch nur erreicht, wenn die Lehrkraft über diese Strategie und deren unterstützende Funktion mit den Schüler/-innen spricht und nachdenkt.

Wichtig ist ebenso, dass die einmal erlernte Strategie – hier z. B. das Visualisieren eines Textes– an neuen Lerngegenständen wiederholt geübt und eingefordert wird.

Denn, so Prof. Hasselhorn: „Der Erwerb von Strategien ist ein mühsames Geschäft. In den wenigsten Fällen kommt es beiläufig und zufällig zum Strategieerwerb" (Hasselhorn/Gold, 2009, S. 97).

Was sind Lernstrategien und warum lohnt es sich, diese im Unterricht intensiv einzuüben?

Lernen wird aus kognitiv-konstruktivistischer Sicht als individuelle und aktive Wissenskonstruktion gesehen. Sie erfolgt konstruktiv in Abhängigkeit von Vorwissen, Wahrnehmung, Handlungskontext und Affektlage, ist also ein individueller Prozess der Selbstorganisation des eigenen Lernens.

Lernstrategien → Lernen

Strategien sind zielgerichtete, potentiell bewusste und kontrollierbare Prozesse, die zwar einerseits Arbeitsgedächtniskapazität benötigen, andererseits aber auch zu besseren Lernleistungen führen.

(Prof. Hasselhorn, Fachtagung Projektbüro 2008)

„... in den wenigsten Fällen kommt es beiläufig und zufällig zum Strategieerwerb...“ (Prof. Hasselhorn)

PPT „Bedeutung von Lernstrategien“

„Die vollständige Präsentation finden Sie in der Onlinedatenbank unter www.kompetenzorientierte-Unterrichtsentwicklung.de im Baustein 5.“

Lernstrategien sind Handlungspläne zur Steuerung des eigenen Lernens, sie sind absichtlich, bewusst und spontan eingesetzt, vom Lernenden ausgewählt und kontrolliert.

Lernstrategien sind Instrumente, Werkzeuge zur Unterstützung des, selbstgesteuerten Lernens und ermöglichen Schülern, ihren Lernprozess selbstständig zu steuern.

Lernstrategien helfen, das Lernen zu „entmystifizieren“ und lassen die Lehrperson in die Rolle des Lernberaters wechseln! (Hasselhorn/Gold 2009, S. 90)

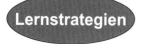

Lernstrategien

- zielgerichtete, kognitive, potentiell bewusste und kontrollierbare Prozesse
- Handlungspläne zur Steuerung des eigenen Lernens
- Grundlage für Selbstreflexion, Selbststeuerung und Feedback
- treten nicht „als notwendiger Bestandteil der Lernanforderung" auf
- lehrbar und lernbar durch Lehrer als Modell und / oder Lernberater

PPT „Bedeutung von Lernstrategien"

„Die vollständige Präsentation finden Sie in der Onlinedatenbank unter www.kompetenzorientierte-Unterrichtsentwicklung.de im Baustein 5."

So ist vielen Schülerinnen/Schülern nicht bekannt, dass auch Erwachsene beim Erlesen eines unbekannten und sehr anspruchsvollen Textes diesen mit Hilfe von Lesestrategien „knacken". Das geschieht z. B. durch das laute Denken, auch Modellieren genannt, das bei fortgeschrittener Lesekompetenz als inneres Sprechen abläuft. Eine weitere sehr hilfreiche und von guten Lesern unbewusst eingesetzte Lesestrategie ist das Antizipieren, das bereits beim Lesen der Überschrift beginnt; dadurch wird das Vorwissen aktiviert, auf den Inhalt des fremden Textes fokussiert und die Sinnentnahme beim Lesen stets mit Blick auf den erwarteten Inhalt überprüft.

Die Beispiele machen deutlich, dass Lernstrategien nicht von selbst eintreten, sondern erworben und eingeübt werden müssen. Sie treten nicht als notwendiger Bestandteil der Lernanforderung und Aufgabenstellungen auf. Daher ist es erforderlich, dass die Lehrperson ihre Unterrichtsplanung und die didaktisch-methodische Überlegungen nicht nur am Lerngegenstand und den impliziten Wissenselementen orientiert, sondern vielmehr mit Blick auf den Lernprozess und die Anleitung zur Selbststeuerung des Lernens.

„So sollte ausführlich darüber informiert werden, wie eine neue Strategie lautet und wie sie sich anwenden lässt. Dabei sind der Nutzen und die Vorteile dieser Strategie hervorzuheben. Wichtig ist auch zu erfahren, wann und unter welchen Umständen sie sich einsetzen lässt ..." (Hasselhorn/Gold 2009, S. 9)

Lehrpersonen selbst fungieren im Unterricht vielfach als Modell für den Einsatz von Lernstrategien, sind sich dessen jedoch nicht bewusst und üben folglich die Lernstrategien auch nicht systematisch mit den Schülerinnen und Schülern ein.

So gilt es, den Schülern modellhaft deutlich zu machen, wie die Lehrkraft selbst z. B. an eine Gedichtinterpretation herangeht, zunächst eine strukturierte, systematische Textanalyse entwickelt – was steht im Gedicht, was ist gemeint –, die gewonnenen Erkenntnisse überdenkt (überwacht) und erst zum Ende bewertet und zu Schlussfolgerungen kommt.

Auch das Herangehen an Text- oder Sachaufgaben, an Tabellen, Graphiken etc. muss strategisch erlernt werden, sonst bleiben diese Aufgabenformate für viele Schüler eine zu komplexe und scheinbar nicht zu bewältigende Herausforderung.

Von besonderer Bedeutung für das selbstgesteuerte und selbstständige Lernen sind kognitive und metakognitive Strategien.

Hasselhorn unterscheidet bei Lernstrategien zwischen:
1. Kognitiven Lernstrategien
2. Metakognitiven Lernstrategien
3. Stützstrategien

Kognitive Lernstrategien:

* dienen hauptsächlich der Erarbeitung, Strukturierung und Nutzung von Wissen

* es geht um Aufnahme, Verarbeitung und Speicherung von neuen Informationen

* folgende Bereiche werden unterteilt:

  - Wiederholungsstrategien (bspw. Abschreiben von Texten, Arbeiten mit Lernwörtern, wiederholtes Aufsagen (1 x 1), ...)
  - Organisationsstrategien (bspw. Mind-map, zusammenfassen, Überschriften finden, Diagramm, bildliche Darstellung)
  - Elaborationsstrategien (bspw. Beispiele überlegen, Gelerntes mit eigenen Worten formulieren, Vorwissen aktivieren, variantenreiches Wiederholen)

PPT „Bedeutung von Lernstrategien"

„Die vollständige Präsentation finden Sie in der Onlinedatenbank unter www.kompetenzorientierte-Unterrichtsentwicklung.de im Baustein 5."

Von zentraler Bedeutung ist jedoch beim Einsatz von Lernstrategien, dass diese in ihrer Funktion und Wirkung für das selbstständige Lernen als solche dargestellt und eingeübt werden, also einen eigenen Stellenwert im Unterricht erhalten.

Das bewusste Einüben von Lernstrategien führt dann zwangsläufig zu den Metakognitiven Lernstrategien, die auf die Steuerung, Kontrolle und Wirksamkeit der kognitiven Strategien ausgerichtet sind.

Metakognitive Lernstrategien:

- dienen dazu, bereits vorhandenes Wissen zu überprüfen und neue Fakten einzuordnen
- Sind auf die Steuerung und die Kontrolle der kognitiven Strategien ausgerichtet:

  - Planung
  - Überwachung
  - Bewertung
  - Regulation des eigenen Lernprozesses

PPT „Bedeutung von Lernstrategien"

„Die vollständige Präsentation finden Sie in der Onlinedatenbank unter www.kompetenzorientierte-Unterrichtsentwicklung.de im Baustein 5."

Dass auch Stützstrategien eingeübt werden müssen wird leider oft erst dann deutlich, wenn sich Lernende durch fehlende Organisationsstrukturen die eigene Arbeit und das Lernen erschweren. Daher gilt es, auch diese Strategien unbedingt in den Blick zu nehmen.

Stützstrategien:

- dienen zur Optimierung des Lernumfeldes
- Beispiele:
  - angemessene Gestaltung des Arbeits- und Lernplatzes
  - Bildung von Arbeits- oder Lerngruppen
  - Nutzung institutioneller Gegebenheiten wie Bücherei, Computerraum, ...

PPT „Bedeutung von Lernstrategien"

„Die vollständige Präsentation finden Sie in der Onlinedatenbank unter www.kompetenzorientierte-Unterrichtsentwicklung.de im Baustein 5."

Erst hier, auf dieser Ebene ist das eigentliche selbstgesteuerte Lernen intendiert und möglich.

Wie wichtig dies ist mag das Beispiel verdeutlichen von Lernenden, die einen Text gelesen haben und erst am Ende des Textes, auf Nachfragen der Lehrperson merken, dass sie nichts verstanden haben. Gute Lerner/Leser überwachen ihren Lernprozess selbst und werden so während des Lesens bereist aufmerksam, „stutzig", wenn sie den Inhalt nicht verstehen; sie beginnen dann erneut mit dem Lesen unter verstärkter Kontrolle der Aufmerksamkeit und des Verständnisses, können Abschnitte gedanklich oder schriftlich zusammenfassen und schließlich den Inhalt aus eigener Sicht bewerten.

Wie aber lehrt man Lernstrategien?

Wie werden Strategien erworben?

Hasselhorn unterscheidet 3 Stadien mit dem Ziel der kompetenten Nutzung von Lernstrategien:

1. Stadium:
   - die Strategie wird nicht spontan hervorgebracht;
   - auch nach Demonstration sind die Schüler nicht in der Lage, das strategische Verhalten selbst zu produzieren
2. Stadium:
   - die Strategie kann durch hilfreiche Tipps und Hinweise genutzt werden
   - die Schüler müssen explizit zur Wdhl. der Strategie aufgefordert werden
3. Stadium:
   - die Strategie wird spontan hervorgebracht
   - die Nutzung wirkt sich aber noch nicht unbedingt günstig auf die Lernleistung aus

PPT „Bedeutung von Lernstrategien"

„Die vollständige Präsentation finden Sie in der Onlinedatenbank unter www.kompetenzorientierte-Unterrichtsentwicklung.de im Baustein 5."

Das Einüben von Lernstrategien ist in allen Schulformen und hier bereits ab der 1.Klasse möglich und notwendig. Für die Schüler stellt selbstgesteuertes Lernen einen erheblichen „Schatz" und Zugewinn für ihren weiteren Lernprozess und Lebensweg dar.

Sie dazu zu befähigen, bedeutet für Lehrpersonen nicht Mehr-Arbeit, sondern vielmehr ein bewusstes Planen und Anleiten des Strategieerwerbs – und eben den erwähnten Rollenwechsel zum Lernberater! Das sollte vorrangiges Unterrichtsziel im Sinne von Kompetenzerwerb sein.

Da dieser Aspekt der Steuerung von Lernprozessen relativ neu ist, ist es hilfreich, wenn Lehrkräfte hieran zusammen arbeiten, am besten fachbezogen, da sich Lernstrategien unter Fachbezug noch leichter finden und entwickeln lassen. Zudem unterstützt die gemeinsame Planung die veränderte Sicht auf den Lernprozess sowie auf die Rolle der Lehrkraft als Initiator von Lernprozessen.

Die Entwicklung von Lernstrategien und deren Bedeutung sind ein Thema für das ganze Kollegium und für die Festschreibung im schulischen Förderkonzept und somit im Schulcurriculum. Nur so ist zu gewährleisten, dass die Einübung und Nutzung von Lernstrategien im Unterricht aller Lehrkräfte umgesetzt wird und dadurch die Bedeutung erlangt, die sie für den Lernprozess und das selbstgesteuerte Lernen haben.

5.6 Sechster Baustein
Kompetenzraster als Möglichkeit der Individualisierung im Unterricht

Kompetenzraster für die Hand der Schüler sind das Nonplusultra eines förder- und kompetenzorientierten Unterrichts! Sie steigern Selbststeuerung und Selbstreflexion, Motivation und Voliton und verbessern die Lernergebnisse.
Kompetenzraster zu entwickeln ist zugleich eine anspruchsvolle und sehr reflexive Arbeit, die anfangs recht zeitaufwändig ist.
Kompetenzraster sollten daher zur individuellen Entlastung und Steigerung der Effizienz im Lehrerteam entwickelt werden.

„Ein 'Kompetenzraster' ist eine Matrix aus im Rahmen eines Lernprozesses zu erlangenden Kompetenzen einerseits sowie verschiedenen Niveaustufen andererseits. Es stellt ein Evaluationsinstrument und ein Instrument zur Selbststeuerung des Lernprozesses durch den Lernenden dar. Es kann in allen Unterrichtsfächern eingesetzt werden.

Kompetenzen und Fähigkeiten, die es sich anzueignen gilt, werden entlang einer der Achsen eingetragen. Die Einteilungen der anderen Achse bilden verschiedene Niveaustufen ab, von Grundfertigkeiten bis hin zu komplexen Anforderungen. In die einzelnen Felder dieser Matrix werden dann Lern- und Tätigkeitsbeschreibungen eingetragen, die die Niveaustufe in der entsprechenden Kategorie genau repräsentieren. Durch „Ich kann …"-Formulierungen innerhalb der Felder wird die Identifikation des Lernenden mit den eigenen Fortschritten bestärkt.

Mit Farben, Notizen oder Klebepunkten kann der Schüler in seinem Kompetenzraster markieren, an welcher Stelle des Lernprozesses er sich gerade befindet. Er sieht, was er bereits kann und was er noch alles können wird, wenn er weiterlernt. Das Raster hilft so bei der Selbsteinschätzung sowie der Planung folgender Lernschritte und -schwerpunkte. Es ist damit auch geeignet als Instrument zur individuellen Förderung." (Wikipedia)

KOMPETENZRASTER WERKSTATT SINNE
Name:

Themenbereich	Ich kann... 👑	Ich kann... 👑👑	Ich kann... 👑👑👑
	- die Begriffe Auge, Iris, Augenbraue, Augenlid, Wimpern und Pupille benennen und richtig zuordnen.	- erklären, was die Augen alles können.	- erklären, welche anderen Sinne mir helfen, wenn ich nicht mehr sehen kann.
	- mit meiner Nase Gerüche unterscheiden.	- bestimmten Gerüchen die richtigen Bilder zuordnen.	- erklären, welche anderen Sinne mir helfen, wenn ich nicht mehr riechen kann.
	- mit meiner Zunge verschiedene Geschmacksrichtungen unterscheiden.	- erklären, wie etwas schmeckt und wo ich es auf der Zunge schmecke.	- erklären, welche anderen Sinne mir helfen, wenn ich nicht mehr schmecken kann.
	- die Begriffe Ohrläppchen, Ohrmuschel und Gehörgang benennen und richtig zuordnen.	- bestimmten Geräuschen die richtigen Bilder zuordnen.	- erklären, welche anderen Sinne mir helfen, wenn ich nicht mehr hören kann.
	- mit meiner ganzen Haut „fühlen".	- bestimmte Gegenstände daran erkennen, wie sie sich anfühlen.	- erklären, welche anderen Sinne mir helfen, wenn ich nicht mehr tasten kann.

PPT „Kompetenzraster GS"

„Die vollständige Präsentation finden Sie in der Onlinedatenbank unter www.kompetenzorientierte-Unterrichtsentwicklung.de im Baustein 6."

Eine kompakte und komplexe Definition, die deutlich werden lässt, dass die Erstellung von Kompetenzraster eine herausfordernde Aufgabe für Lehrkräfte ist. Wer jedoch einmal mit Kompetenzrastern gearbeitet hat, will die veränderte Arbeitsatmosphäre, den Eifer der Schüler und die guten Lernergebnisse nicht mehr missen.

Zitate von Schülern zur Arbeit mit Kompetenzrastern

- Es hat mich angespornt mein Ziel zu erreichen

- Manchmal muss ich mich auch anstrengen um mein Ziel zu erreichen

- Ich kann mich selbst besser einschätzen

- Ich weiß genau was ich lerne – ich weiß genau was auf mich zukommt

- Ich freue mich darüber, dass ich in einigen Bereichen besser war als gedacht

PPT „Kompetenzraster GS"

„Die vollständige Präsentation finden Sie in der Onlinedatenbank unter www.kompetenzorientierte-Unterrichtsentwicklung.de im Baustein 6."

Es bedarf eines tiefer gehenden Verständnisses, um die Erstellung von Kompetenzrastern leichter bewältigen zu können.

Was sind Kompetenzen? Wie lassen sie sich gegenüber Lernzielen abgrenzen?

Wie lassen sich Kompetenzen aus einem Lerngegenstand (Thema) „herausschälen"?

Die wesentlichen Frage in der Didaktischen Analyse eines Lerngegenstandes sind nicht mehr:

Was muss der Schüler/die Schülerin am Ende der Unterrichtseinheit wissen? Wie elementarisiere ich den Lerngegenstand in seine Wissensbestandteile?

Sondern:

Pädagogische Psychologie
konstruktivistischer Ansatz

↓

Wo steht sie/er im Lernprozess?

Was braucht die Schülerin/ der Schüler zum erfolgreichen Lernen?

Didaktik als Theorie des Unterrichts
kompetenzorientierter Ansatz

↓

Wie muss kompetenzfördernder Unterricht gestaltet sein, damit erfolgreiches Lernen stattfinden kann?

Wie können Wissenselemente des Lerngegenstandes zu Kompetenzen geführt werden?

PPT „Kompetenzraster Sek1"

„Die vollständige Präsentation finden Sie in der Onlinedatenbank unter www.kompetenzorientierte-Unterrichtsentwicklung.de im Baustein 6."

Was sind Kompetenzen?

Kompetenzen sind „... die bei Individuen verfügbaren oder durch sie erlernbaren kognitiven Fähigkeiten und Fertigkeiten, um bestimmte Probleme zu lösen, sowie die damit verbundenen motivationalen, volitionalen und sozialen Bereitschaften und Fähigkeiten, um die Problemlösungen in variablen Situationen erfolgreich und verantwortungsvoll nutzen zu können". (Prof. E. Weinert, 2001)

Kompetenzen zeigen sich in

■ situierter Anwendung von Wissenselementen
■ koordinierter Anwendung verschiedener Einzelleistungen
■ der Fähigkeit und Fertigkeit, Probleme zu lösen und der Bereitschaft, dies auch zu tun und umzusetzen
■ „Sich-Bewähren im Leben" (R. Messner).

Lernziele hingegen

■ beschreiben Wissens- und Könnenselemente
■ lenken die Aufmerksamkeit auf ein Lernergebnis, nicht auf den Lernprozess
■ sind stofforientiert

- verleiten zur Konzentration auf Wissenserwerb, nicht auf intelligente Anwendung des Wissens.

In der Unterrichtspraxis sichern auch komplexe und situierte Aufgaben- und Problemstellungen den Kompetenzerwerb; das Kompetenzraster ist jedoch dadurch nicht zu ersetzen.

Für die Hand der Schüler sind dreigliedrige Kompetenzraster zu empfehlen, ganz im Sinne der Bildungsstandards, die Regelstandards sind und damit ein mittleres Kompetenzniveau beschreiben (Kompetenzstufe II – Rekonstruktion).

Mindeststandards beschreiben die Mindestanforderungen zu einem Thema/Lerngegenstand, die jeder Lerner mindestens erreichen muss, um die Anschlussfähigkeit im Lernen zu erhalten (Kompetenzstufe I – Reproduktion)

Höchststandards beschreiben das über das mittlere Niveau hinausgehende Können, was oftmals im Unterricht nicht befriedigend bedient wird (Kompetenzstufe III – Transfer).

Kompetenzstufe I (Reproduktion)

- Aufgabenstellungen, die bereits erprobt wurden können mit veränderten Variablen durchgeführt werden

- Erhaltene Informationen können in wesentlichen Grundzügen reproduziert und Einsichten formuliert werden

- Das Lösen der Aufgabe erfordert Grundwissen und das Ausführen von Routinetätigkeiten.

PPT „Kompetenzraster Sek1"

„Die vollständige Präsentation finden Sie in der Onlinedatenbank unter www.kompetenzorientierte-Unterrichtsentwicklung.de im Baustein 6."

Kompetenzstufe II (Rekonstruktion)

- Erhaltene Informationen können miteinander verknüpft werden

- Äußerungen können mit anderen Äußerungen in Bezug gesetzt werden

- Strukturverwandte Aufgaben können bearbeitet werden

- Das Lösen der Aufgabe erfordert das Erkennen und Nutzen von Zusammenhängen.

PPT „Kompetenzraster Sek1"

„Die vollständige Präsentation finden Sie in der Onlinedatenbank unter www.kompetenzorientierte-Unterrichtsentwicklung.de im Baustein 6."

Kompetenzstufe III (Transfer)

- Informationen können in einen neuen Zusammenhang eingeordnet werden

- Andere Positionen werden wahrgenommen und in eigenen Äußerungen berücksichtigt

- Fremde Aufgaben werden selbstständig bearbeitet

- Das Lösen der Aufgabe erfordert komplexe Tätigkeiten wie Strukturieren, Entwickeln von Strategien, Beurteilen und Verallgemeinern.

PPT „Kompetenzraster Sek1"

„Die vollständige Präsentation finden Sie in der Onlinedatenbank unter www.kompetenzorientierte-Unterrichtsentwicklung.de im Baustein 6."

Diese drei Kompetenzstufe gilt es aus der Sachanalyse eines Lerngegenstandes oder aber aus einer vorgegebenen Kompetenzerwartung (Bildungsstandards) herauszuarbeiten.

Kompetenzraster zur UE   Jg.: 10
Gehirn und Nervensystem
erarbeitet am 24. 02. 2010   vom BS, GS

Kompetenzbereiche/ Inhaltsfelder	Kompetenzstufe 1 Ich kann	Kompetenzstufe 2 Ich kann	Kompetenzstufe 3 Ich kann ...
Aufbau des Gehirns	... die Abschnitte des Gehirns benennen (... die Schutzeinrichtungen des Gehirn gegen mechanische Einwirkungen nennen)	... die Synapsenbildung im Gehirn beschreiben	... Auswirkungen von Mangelernährung in der Kindheit auf die Gehirnentwicklung erklären
Arbeitsteilung im Gehirn	... in einer Abbildung zum Gehirnquerschnitt die Abschnitte des Gehirns beschriften ... die Hauptaufgaben der Abschnitte wiedergeben	... in eine Abbildung die einzelnen Hirnteile mit richtiger Lage und in richtigem Größenverhältnis einzeichnen	... Beispiele von Vorgängen, wie Erinnern, Rückwärtsgehen, ..., den Gehirnabschnitten zuordnen
Die Nervenzellen	... eine Nervenzelle richtig beschriften ... anhand einer Abbildung die Reizweiterleitung erklären ... die Aufgabe eines Überträgerstoffes nennen		
Arbeitsweise von Sinnesorganen: Schmecken	... die Geschmacksrichtungen auf der Zunge den richtigen Arealen zuordnen ... die Wahrnehmung von Geruch Zellen in der Nase zuordnen	... den Zusammenhang von Geruch und Geschmack verstehen	
Arbeitsweise des ZNS	... die Arbeitsweise des ZNS vom Reiz bis zum Erfolgsorgan wiedergeben		

Wenn Lehrkräfte mit Kompetenzrastern beginnen möchten, ist die Kooperation im Kollegium ganz wichtig. Gemeinsam lassen sich Kompetenzraster leichter und schneller erarbeiten.

Die Diskussion um die zu erwerbenden Kompetenzen und die Stufen im Kompetenzerwerb benötigen sehr viel Zeit! Diese Diskussionen sind jedoch höchst wichtig und Gewinn bringend, da sie den Kompetenzbegriff, die Erwartungen und die Anforderungen klären und präzisieren.

Ratsam ist es ebenfalls, zunächst nur zu einem Thema/Lerngegenstand mit dem Kompetenzraster zu beginnen. Dadurch kann dieser erste Einsatz sehr genau beobachtet und ausgewertet werden.

Schließlich ist auch beim Einsatz von Kompetenzrastern entscheidend, dass ein ganzes Kollegium mit diesem neuen Instrument arbeitet. Ein entsprechender Beschluss des Kollegiums würde die Arbeit mit Kompetenzrastern aufnehmen in das schulische Förderkonzept und somit in das Schulcurriculum.
Der schulintern einheitliche Einsatz von Kompetenzrastern erhöht zum einen die Bekanntheit dieses Instrumentes auf Seiten der Schüler und lässt deren Arbeit zunehmend leichter verlaufen.

Auf Seiten der Lehrkräfte sind Austausch und die Zusammenarbeit dringend notwendig zur Entlastung und gegenseitigen Beratung, denn mit dem Einsatz des Kompetenzrasters tritt ein Kollegium in eine neue Phase von Unterricht durch ein besonders hohes Maß an selbstverantwortlichem Lernen der Schüler.

Die Zusammenarbeit stellt aber auch unter dem Gesichtspunkt der Arbeitsökonomie eine große Entlastung dar: Kompetenzraster und die zugehörenden Unterrichtseinheiten sollten gesammelt und somit jeder Lehrkraft zugänglich sein. So wird sich allmählich eine ordentliche Sammlung einstellen, die allen Lehrkräften die Arbeit erleichtert.

Abschließend sei der Hinweis auf die Einbeziehung der Eltern angebracht: Keine Innovation ohne Aufklärung und weitgehende Beteiligung der Eltern! Kompetenzraster sind nicht nur für Lehrkräfte (relativ) neu, sie sind es für Eltern ganz sicher und ganz besonders. Hier gilt es gemeinsam die Veränderungsprozesse anzugehen durch Information und vielleicht auch Überzeugungsarbeit.

5.7 Siebter Baustein
Begleitung individuelle Lernprozesse durch Portfolio –
Arbeit

Das Portfolio ist Instrument und Produkt individuellen Lernens. Richtig eingesetzt erhöht es nicht nur die Motivation und die Leistungsbereitschaft der Schüler sondern fördert auch Strategieeinsatz und gibt intensiven Aufschluss über Kompetenzen.
Zudem kann mit dem Portfolio als individuelle Lernleistung diese auch tatsächlich individuell angemessen berücksichtigt und bewertet werden.

Das Portfolio im Unterricht ist noch kein übliches und selbstverständlich eingesetztes Instrument. Daher soll der Begriff zunächst definiert werden; auch hier wieder mit Hilfe Wikipedia:

„Portfolios im Bildungsbereich kann man in verschiedene Arten einteilen:
■ Kurs-Portfolio: dient dazu, Produkte und Leistungsbelege aus einem einzelnen Kurs (z. B. Unterrichtsfach Politik, Biologie etc.) zu sammeln.
■ Portfolio im Sinne einer Leistungsmappe: sammelt und ordnet bestimmte Produkte, die eine Lernbiographie des Lernenden kennzeichnen bzw. die Entwicklung des Lernenden sichtbar machen oder seine Arbeit an einem Projekt dokumentieren. Es kann als Vorzeigeportfolio, Prüfungsportfolio oder auch als Bewerbungsportfolio verwendet werden.
■ Ein Portfolio kann auch Zeugnisse, Stellenbeschreibungen, Auszeichnungen, Zertifikate, Teilnahmebescheinigungen oder auch Lernerfahrungen und -erfolge systematisch erfassen; persönliche Lernstrategien planen; die eigene Stellensuche optimieren etc. (siehe auch E-Portfolio).
... Das Portfolio im schulischen Bereich zeigt ebenso das Können, die Arbeitsweise und die Entwicklung des Lernenden ähnlich wie das Portfolio im künstlerischen Bereich auf. Es ist einerseits mit der Darstellung und Einschätzung von Kompetenzen verbunden. Andererseits steht die Weiterentwicklung dieser Kompetenzen im Mittelpunkt ... Bezogen auf die Leistungsbeurteilung bringen sie die Lernenden aus einer reaktiven Rolle des „überprüft Werdenden" in eine aktive Rolle der „Kompetenzen Darstellenden".

Portfolioarbeit vollzieht sich anhand mehrerer Prozessschritte, die beginnend bei der Definition des Kontextes über das Sammeln von Dokumenten (Lernprozessbeschreibungen und Lernprodukte), das Auswählen dieser Dokumente für das Portfolio, der Reflexion (als Kernelement der Portfolioarbeit) und Portfolioberatung und den daraus resultierenden Projektionen auf neue Lernziele bis zur abschließenden Präsentation des fertig gestellten Portfolios reichen.

Die Portfolioarbeit wird durch folgende Aspekte charakterisiert:
- Aspekt der Verbindung des Lernprozesses und der Lernprodukte
- Aspekt der Subjekt- und Handlungsorientierung
- Aspekt der Selbstreflexivität des Lernens
- Aspekt einer Kompetenz- statt einer Defizitorientierung"

Diese Begriffsdefinition beschreibt umfassend und treffend, was mit Portfolio-Arbeit erreicht werden kann. Das Portfolio kann zur Erarbeitung, Gliederung und Präsentation eines ausgewählten Themas dienen. Es kann aber auch genutzt werden, um den Lernprozess von Schülern bezüglich deren Arbeits- und/oder Sozialverhaltens zu begleiten und zu reflektieren.

Vor dem Hintergrund eines förder- und kompetenzorientierten Unterrichts gilt es zu prüfen, ob der Einsatz des Portfolios berechtigt und lohnend ist.

Portfolio im Unterricht – Warum?

- Individualisierung des Lernens

- Förderung der Selbständigkeit und des planvollen Arbeitens

- Erweiterung der Handlungskompetenz und der Eigenverantwortlichkeit

- Aufbau persönlicher Stärken und positive Lernerfahrung

- Selbstreflexion und Selbststeuerung des Lernprozesses

- Individuelle Kompetenzentwicklung und -beurteilung

PPT „Portfolio"

„Die vollständige Präsentation finden Sie in der Onlinedatenbank unter www.kompetenzorientierte-Unterrichtsentwicklung.de im Baustein 7."

Das Portfolio ist ein besonders geeignetes Mittel zur Kompetenzerweiterung der Schüler und zu deren individueller Förderung.

Auf die Vorbereitung der Portfolio-Arbeit ist besonderes Augenmerk zu richten.

Dabei sind folgende Schritte unabhängig von der Schwerpunktsetzung zu durchlaufen:

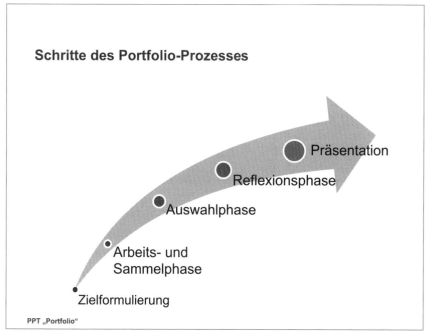

Schritte des Portfolio-Prozesses

Präsentation

Reflexionsphase

Auswahlphase

Arbeits- und Sammelphase

Zielformulierung

PPT „Portfolio"

„Die vollständige Präsentation finden Sie in der Onlinedatenbank unter www.kompetenzorientierte-Unterrichtsentwicklung.de im Baustein 7."

Die Lehrkraft muss jedoch weitergehende Überlegungen für die konkrete Platzierung der Portfolio-Arbeit im Rahmen einer Unterrichtseinheit anstellen.

Hierbei ist die zeitliche Planung ganz wesentlich:

■ Rahmenthema
■ Art des Portfolios
■ Zeitraum
■ Zeitplan für Reflexionen
■ Präsentationsplanung

Für den unterrichtlichen Einsatz eines Portfolios sind immer die folgenden Schwerpunkte zu beachten und umzusetzen:

Orientierungspunkte und Qualitätskriterien
der Portfolioarbeit nach Felix Winter

Planung und Kontextdefinition	Kommunikation	Organisation
• Ziele • Selbstbestimmung und Verantwortung • Rahmen • Einsatz	• Reflexion • Dialog • Rückmeldung	• Sammlung • Überarbeitung • Auswahl • Strukturierung und Gestaltung • Öffentlichkeit und Wahrnehmung • Auswertung

PPT „Portfolio"

„Die vollständige Präsentation finden Sie in der Onlinedatenbank unter www.kompetenzorientierte-Unterrichtsentwicklung.de im Baustein 7."

Jeder dieser Schwerpunkte muss mit Blick auf das individuelle Portfolio konkretisiert und vor allem mit dem erforderlichen Zeitbudget hinterlegt werden. Portfolioarbeit unter Zeitdruck kann nicht gelingen!

Als ganz wichtig gilt es festzuhalten, dass ein Portfolio nicht einfach nur eine Sammelmappe ist! In einem förder- und kompetenzorientierten Unterricht sind nur zwei Formen des Portfolios relevant:

Portfolioarten im Unterricht

Lernprozessbegleitende Portfolios	Produktorientierte Portfolios (Themen- und Rechercheportfolios)
• kann sich auf unterschiedliche Bereiche beziehen (AV, SV oder fachliche Inhalte) • Strukturierungsmöglichkeiten ⇨ Lernstandsermittlungen ⇨ individuelle Zielformulierung ⇨ Durchführung (Lernbelege) ⇨ Reflexion	• Werden meist im Rahmen von Einzelunterricht eingesetzt • Seine Funktion ist auf eine Unterrichtsepoche beschränkt.

PPT „Portfolio"

„Die vollständige Präsentation finden Sie in der Onlinedatenbank unter www.kompetenzorientierte-Unterrichtsentwicklung.de im Baustein 7."

Ganz wesentlich ist bei jeder Form von Portfolio die Auswahl des Themas, die Präzisierung des Themas und der Zielsetzung, bei der die Lehrkraft unbedingt Hilfestellung geben muss. Es gelingt Schülern meist nicht von Anfang an, eine Themenstellung so einzugrenzen, dass kleinschrittig, zielführend und erfolgreich gearbeitet werden kann. Hinzu kommt, dass begleitend immer schon die Präsentation mitgedacht werden muss.

Eine erhebliche Schwierigkeit ist für die Schüler die Reflexion der eigenen Arbeit, des eigenen Lernweges! Hier zu einer strukturierten und systematischen Vorgehensweise zu kommen, stellt eine große Herausforderung dar. Insbesondere die Ableitung von Hinweisen für die weitere Arbeit und für Veränderungen erfordern Kompetenzen auf der Metaebene und des Strategieeinsatzes! Hier ist ganz gezielte Anleitung durch die Lehrkraft erforderlich (vgl. 8. Baustein Feedback...).

Die Rolle der Lehrkraft

- Begleitung und Beratung

- Festlegung des Rahmenthemas

- Bereitstellung des unterrichtlichen Rahmens

- Gemeinsame Festlegung der Bedingungen

- Unterstützung der SchülerInnen bei der Themenfindung

- Formulierungshilfen zur Findung individueller Ziele

- Unterstützung bei Reflexionen

- Unterstützung bei der Vorbereitung der Präsentationen

PPT „Portfolio"

„Die vollständige Präsentation finden Sie in der Onlinedatenbank unter www.kompetenzorientierte-Unterrichtsentwicklung.de im Baustein 7."

Nach der Auswahl und Eingrenzung des Themas beginnt die schwierige Arbeit der Strukturierung und Gliederung. Hierin sind die individuellen Unterschiede der Schüler sehr groß; auch der Unterstützungsbedarf durch die Lehrkraft oder durch Mitschüler ist sehr unterschiedlich.

Wie bereits oben gesagt, sollte die Lehrkraft große Sorgfalt auf die Anleitung zur Reflexion legen, denn sonst sind Lernentwicklung, Selbststeuerung, Strategieeinsatz und Selbstreflexion nicht zu erwarten – darauf zielt jedoch die Portfolioarbeit!

Zur Unterstützung der ersten Portfolioarbeit ist es hilfreich, wenn sich die Lehrkraft an der folgende Checkliste orientiert:

Portfolio im Unterricht
Checkliste zu den einzelnen Arbeitsphasen

Vor der Portfolioarbeit:
- ○ Informationen zur Einführung der Portfolioarbeit
- ○ Foto-Freigabe der Eltern einholen

1. Arbeits- und Sammelphase
- ○ Vorbereitung auf das Thema und die Portfolioarbeit
- ○ gemeinsame Einführung in das Thema,
- ○ Fragebogen zur Selbsteinschätzung für die Schüler
- ○ erste Arbeitsideen zum neuen Thema sammeln
- ○ Arbeitsideen erweitern und festhalten
- ○ Ergänzung der Arbeitsideen durch Wahl- oder Zusatzthemen
- ○ Überblick über die Lernangebote, das Vorgehen und die Materialien geben
  - o Ordner, Mappen für jeden Schüler
  - o Lernangebote in Ablagen bereitstellen, gut sichtbar nummerieren; strukturieren
  - o Arbeitsmaterial und evtl. Lösungsblätter zu den Lernangeboten bereitstellen
  - o Klassenarbeitsplan erstellen und aufhängen
- ○ Schüler suchen ihre „Expertenaufgabe" und bearbeiten diese intensiv
  - o Wäscheklammer mit dem Namen des Schülers beschriften und an die jeweilige „Expertenstation" klemmen
- ○ Reflexion der Arbeitsergebnisse einführen, beispielhaft vorstellen
  - o Schüler-Reflexionsbogen kopieren und zu den Lernangeboten legen
  - o Schüler-Reflexionsbogen mit der Klasse besprechen
- ○ Schüler arbeiten selbstständig an den Lernangeboten
- ○ Schüler während der Arbeit beobachten, Beobachtungen dokumentieren

2. Auswahlphase
- ○ Gestaltung einer eigenen Portfolio-Mappe
  - o Ordner, Mappen besorgen, evtl. beschriften
  - o Materialien zum Gestalten der Mappe bereitstellen (Farben, Papiere, ..)
- ○ Auswahl der besten Arbeiten durch die Schüler (mithilfe von Leitfragen)
  - o Leitfragen als Plakat aufhängen oder für die Schüler kopieren
- ○ Schüler legen die besten Arbeiten ab, tragen diese in das Inhaltsverzeichnis ein
- ○ Inhaltsverzeichnis anlegen, kopieren
- ○ Die Schüler füllen die Reflexionsbögen aus

3. Reflexionsphase

O Der Schüler stellt dem Lehrer sein Portfolio vor.

    o Zeit für die Reflexionsgespräche planen, Zeitplan für die einzelnen Gespräche aufstellen und die Schüler informieren

O Die Lehrkraft unterstützt ggf. die Vorstellung der Auswahl sowie die Begründung durch gezielte Leitfragen.

O Die Lehrkraft gibt dem Schüler Rückmeldung.

    o Rückmeldebogen entwerfen, kopieren und während des Gesprächs ausfüllen

O Gemeinsam die Stärken des Schülers sowie Verbesserungsmöglichkeiten festhalten.

    o Abschlussurkunde, Feedbackbogen o.ä. entwerfen, kopieren und ausfüllen

4. Präsentation des Portfolios

O klasseninterne Präsentation der Portfolios

    o Zeit und Raum einplanen

O Schüler stellen ihre Portfolios in der Schule aus

O Vorstellung der Portfolios im Elternhaus

    o Elternbrief, Elternfragebogen vorbereiten, an diese verteilen; später den Eltern Rückmeldung geben

ORGANISATION PORTFOLIO.DOC

„Die Checkliste finden Sie in der Onlinedatenbank unter www.kompetenzorientierte-Unterrichtsentwicklung.de im Baustein 7."

Die Reflexion sollte zunächst gestützt durch schriftliche Anleitung und Feedbackgespräche erfolgen. Ein solcher vorbereitender Reflexionsbogen könnte folgendermaßen aussehen und je nach Alter der Schüler und Erfahrung mit Portfolio variiert werden:

Beispiel eines Reflexionsbogens

Reflexionsbogen zum Thema: _____

Name: Klasse:

Wie habe ich an dieser Aufgabe gearbeitet (z.B. Bearbeitung des Infomaterials mit Hilfe/ohne Hilfe):

Was meiner Meinung nach daran gelungen ist:

Was ich noch besser machen kann:

Was ich anhand dieser Station gelernt habe:

PPT „Portfolio"

„Die vollständige Präsentation finden Sie in der Onlinedatenbank unter www.kompetenzorientierte-Unterrichtsentwicklung.de im Baustein 7."

Es wird deutlich, dass Portfolioarbeit nicht ständig Platz finden wird im Unterricht. Umso wichtiger ist jedoch die feste Verankerung wenigstens einer Portfolioarbeit pro Schulhalbjahr, da der Lerngewinn für die Schüler sehr groß ist.

Die Verankerung im schulischen Förderkonzept und damit im Schulcurriculum ist notwendig, damit dieses anfangs aufwändige aber für den Kompetenzerwerb förderliche Angebot auch von allen Lehrkräften umgesetzt wird.

Wichtig ist, Eltern über dieses neue Instrument, Ziele, Schwerpunkte und Lerngewinn gut zu informieren und Eltern bei der Portfolioarbeit einzubeziehen.

5.8 Achter Baustein
Feedback/Rückmeldung im Lernprozess

Der Begriff „Feedback" ist erst seit wenigen Jahren in der pädagogischen Literatur in Deutschland zu finden. Anders in angelsächsischen Ländern, wo Feedback als „formatives Assessment" als sehr wichtig angesehen wird (vgl. Hattie, Timperley 2007). Im Kontext von Kompetenzorientierung und individueller Förderung wird allmählich auch im deutschsprachigen Raum Feedback als Gewinn bringende unterrichtliche Maßnahme und Steuerungsmöglichkeit hervorgehoben. Ebenso macht Feedback Kompetenzfeststellung und individuelle Leistungsbeurteilung möglich.
Damit erhält Feedback seine Berechtigung und seinen Platz im förder- und kompetenzorientierten Unterricht!

Ursprünglich aus der Kybernetik stammend bedeutet Feedback „1. (Kybernetik) zielgerichtete Steuerung eines technischen, biologischen oder sozialen Systems durch Rückmeldung der Ergebnisse, wobei die Eingangsgröße durch Änderungen der Ausgangsgröße beeinflusst werden kann." (Duden 2000, S. 306)

Rückmeldungen finden im Unterricht ständig statt, bewusst oder unbewusst, in Worten oder körpersprachlich.

Feedback ist jedoch mehr als einfache Rückmeldung: Feedback ist eine Form der Beratung, die immer angelegt ist auf Verbesserung der Selbstwahrnehmung mit dem Ziel der Verbesserung der Selbststeuerung, eine Art Regelkreis, in dem die Lehrkraft eine bedeutsame Rolle hat.

„Den Lernenden werden nur solche Hilfen in Form von verbaler Rückmeldung durch den Lehrer zur Verfügung gestellt, die den weiteren Denkprozess anregen, die Problemstellung aber nicht vollständig auflösen. Diese kognitive Hürde soll vom Lernenden selbst überwunden werden, da auf diese Weise der Lernprozess unterstützt wird". (Bürgermeister/Klieme/u. a. 2011)

Formative Leistungsrückmeldung und –feststellung (Evaluation / Feedback / formatives Assessment)

- der Lernende erhält individuelle Informationen über seinen Lernstand und das weitere Vorgehen zum Erreichen der Ziele

… sollte beinhalten (n. Hattie und Timperley 2007):
- konkrete Aussagen darüber, wie der Lernende dem Lernziel näher kommen kann
- indem Fehler und Lücken identifiziert werden
- Hilfen oder Strategien genannt werden
- Where am in going?
- How am I going?
- Where to next?

PPT „Feedback im Lernprozess"

„Die vollständige Präsentation finden Sie in der Onlinedatenbank unter www.kompetenzorientierte-Unterrichtsentwicklung.de im Baustein 8."

Feedback soll helfen, Verborgenes, bisher nicht selbst Entdecktes, offenbar werden zu lassen, um somit Wirkung, d. h. Veränderung, zu entfalten. Feedback muss gut vorbereitet, bewusst eingesetzt bzw. gewollt sein. Dabei handelt es sich beim Feedback im Unterricht nicht um einen gruppendynamischen Prozess. Es geht um die Beratung bezüglich einer (individuellen) Leistung, eines Verhaltens oder Handelns, so dass ein überlegtes Vorgehen angezeigt ist. Nur so wird das Gegenüber – die Schülerin oder der Schüler – die Rückmeldung und Beratung annehmen und erfolgreich zur Selbststeuerung nutzen können.

Wir unterscheiden zwischen summativer Leistungsrückmeldung/Feedback und formativer Leistungsrückmeldung, im angelsächsischen Sprachraum auch formatives Assessment genannt.

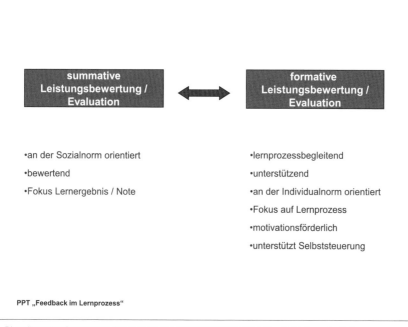

summative Leistungsbewertung / Evaluation		formative Leistungsbewertung / Evaluation
•an der Sozialnorm orientiert		•lernprozessbegleitend
•bewertend		•unterstützend
•Fokus Lernergebnis / Note		•an der Individualnorm orientiert
		•Fokus auf Lernprozess
		•motivationsförderlich
		•unterstützt Selbststeuerung

PPT „Feedback im Lernprozess"

„Die vollständige Präsentation finden Sie in der Onlinedatenbank unter www.kompetenzorientierte-Unterrichtsentwicklung.de im Baustein 8."

Nach Hattie & Timperley, 2007 (Bürgermeister/Klieme u. a. 2011), sollte formative Leistungsrückmeldung/Feedback immer beinhalten:

■ konkrete Aussagen darüber, wie der Lernende dem Lernziel näher kommen kann

■ indem Fehler und Lücken identifiziert werden

■ Hilfen oder Strategien genannt werden.

Anlässe für formative Leistungsrückmeldung/Feedback gibt es vor allem im kompetenzorientierten Unterricht. Formative Leistungsrückmeldung/Feedback führt zu einer veränderten Unterrichtspraxis und -kultur, ganz im Sinne des kompetenzorientierten Unterrichts, da hier der individuelle Kompetenzerwerb im Mittelpunkt steht und nicht die Sozialnorm der Klasse oder die kriteriale Normorientierung an einem bestimmten sachlichen Lernziel.

Formative Leistungsrückmeldung / Evaluation / Feedback

Anlässe sind:

• Lernberatung

• Portfoliogespräche, Kompetenzraster, Selbstevaluationsbögen

• Gespräche im Zusammenhang mit Förderplänen mit Schüler/Innen und Eltern

Andere Anlässe:

z.B. Laufbahnberatung (auch Übergänge),

Eltern suchen Rat,

Eltern kritisieren,

Lehrer/in sorgt sich um Schüler/in

PPT „Feedback im Lernprozess"

„Die vollständige Präsentation finden Sie in der Onlinedatenbank unter www.kompetenzorientierte-Unterrichtsentwicklung.de im Baustein 8."

Formative Leistungsrückmeldung/Feedback erfordert auf Seiten der Lehrkraft eine entsprechende förderorientierte Haltung, erfordert aber auch eine spezifische Lehrkompetenz und ein entsprechendes Lehrertraining. Dieses Lehrertraining muss förderdiagnostische und „instruktionale(n) Techniken" verstärken. (Klieme u. a. 2011, S. 14)

Förderdiagnostische Kompetenzen sind im Konzept des Projektbüros „Individuell fördern – Lernen begleiten" ganz besonders intensiv in den ersten drei Bausteinen beinhaltet.

Als Grundlage für die „instruktionalen Techniken" werden im Folgenden Elemente der Kooperativen Beratung nach Prof. Wolfgang Mutzek (Mutzek 2008) vorgestellt und genutzt.

Prof. Wolfgang Mutzek (Mutzek 2008) nennt als Ziele einer pädagogischen Beratung u. a.:

■ „Beratung soll ein nach (gesprächs-) methodischen Gesichtspunkten gestalteter Problemlöseprozess sein

■ Dabei soll der Berater eine kooperative und offene Beziehung zum Gesprächspartner herstellen

■ Der Berater soll dem Gesprächspartner helfen, zu einer bewussten Wahrnehmung seines Problems zu gelangen ...

- Die Zielrichtung der Veränderung des Erlebens oder Verhaltens soll sich an den Kompetenzen des Gesprächspartners orientieren.
- Der Berater soll beim Gesprächspartner einen aktiven Lernprozess in Gang setzen ...
- Die Eigenbemühungen des Gesprächspartners sollen unterstützt und seine Kompetenzen zur Entscheidungsfindung und zur Bewältigung seines Problems erweitert und verbessert werden ...
- Der Berater soll dem Gesprächspartner helfen, Kompetenzen zu entwickeln und so einzusetzen, dass er sein Problem aus eigener Kraft lösen kann ..."

Das Besondere am Beratungsansatz von Mutzek ist seine am humanistischen Menschenbild orientierte „wissenschafts-theorieorientierte Menschenbildkonzeption" (Mutzek 2008, S. 49). Er sieht den Menschen „als ganzheitliches Wesen, welches von seinen generellen Möglichkeiten her (potentiell) die Fähigkeiten des Denkens, einschließlich des Entscheidens und Wollens, des Fühlens, des Sprechens und des Handelns besitzt" (Mutzek 2008, S. 49).

Dieses Menschenbild korrespondiert hoch mit der im Konzept des Projektbüros durchgängig angelegten förderorientierten Haltung der Lehrperson – nur das Vokabular ist unterschiedlich!

In Beratungen wird heute diesbezüglich auch häufig der Begriff der ressourcen- oder lösungsorientierten Beratung gebraucht.

Auf die Ebene des förder- und kompetenzorientierten Unterrichts übertragen zielt der Beratungsansatz von Mutzek auf Selbstreflexion und -steuerung des Lernenden, auf Strategieeinsatz, auf Kompetenzentwicklung und nicht zuletzt auf die Anpassung von neu Gelerntem an bereits vorhandene Wissensstände (vgl. Konstruktivistischer Lernbegriff).

Wesentlich für gelingende Beratung und Feedback ist nach Mutzek das Menschenbild der Lehrkraft, die Haltung der Lehrkraft.

Elemente der Kooperativen Beratung

- konstruktive Menschenbildannahme mit besonderer Akzentuierung auf den Menschen als reflexivem Subjekt

- symmetrisches kooperatives Verständnis von Beratung

- konstruktive Beziehung Berater/-in ⟷ Gesprächspartner/-in

PPT „Feedback im Lernprozess"

„Die vollständige Präsentation finden Sie in der Onlinedatenbank unter www.kompetenzorientierte-Unterrichtsentwicklung.de im Baustein 8."

„Somit ist das Menschenbild, das die Grundlage einer Beratungskonzeption bildet, mehr als ein philosophisches Problem. Es entscheidet mit darüber, wie mit den an einer Beratung teilnehmenden Personen umgegangen wird, d. h., welche Fähigkeiten ihnen zugestanden und welche genutzt und gefördert werden".

Die förderorientierte Haltung der Lehrkraft, wie sie in Kapitel „4. Konzept für einen förder- und kompetenzorientierten Unterricht" dargelegt ist, bildet sich in diesem Zitat deutlich ab.

Welche „instruktionalen Techniken" sieht die Kollegiale Beratung nach Mutzek nun vor?

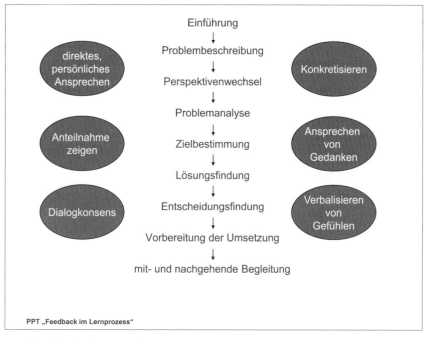

Einführung
↓
Problembeschreibung
↓
Perspektivenwechsel
↓
Problemanalyse
↓
Zielbestimmung
↓
Lösungsfindung
↓
Entscheidungsfindung
↓
Vorbereitung der Umsetzung
↓
mit- und nachgehende Begleitung

direktes, persönliches Ansprechen

Konkretisieren

Anteilnahme zeigen

Ansprechen von Gedanken

Dialogkonsens

Verbalisieren von Gefühlen

PPT „Feedback im Lernprozess"

„Die vollständige Präsentation finden Sie in der Onlinedatenbank unter www.kompetenzorientierte-Unterrichtsentwicklung.de im Baustein 8."

Zu jedem einzelnen Schritt gibt es im Anhang eine ausführliche Erläuterung. Es lohnt sich, die einzelnen Schritte genau kennenzulernen. Es ist hilfreich und umsichtig, diese Schritte für ein anstehendes Feedback zu durchdenken und als Stütze für die Durchführung greifbar zu haben – eben als instruktionale Technik!

Die Auseinandersetzung mit dem Beratungsmodell nach Prof. Mutzek wirkt sich nach Rückmeldung von Lehrpersonen grundlegend positiv auf die Gesprächsführung und die Beratungskompetenz, auch Förderkompetenz, aus, ist ein grundsätzlicher Zugewinn.

Eine einfachere Technik für die Durchführung von Feedbackgesprächen bietet das Modell RAFAEL nach E. Hauser.

RAFAEL ein Modell für Feedbackgespräche

R eport   nach Eberhard Hauser 1993

A lternativen

F eedback

A ustausch

E rarbeitung von

L ösungsschritten

PPT „Feedback im Lernprozess"

„Die vollständige Präsentation finden Sie in der Onlinedatenbank unter www.kompetenzorientierte-Unterrichtsentwicklung.de im Baustein 8."

Hierzu finden sich im Anhang ausführliche Anleitungen für ein Portfolio-Gespräch sowie für ein Förderplangespräch mit Schülern und Eltern. Die Grundstruktur eines Feedback-Gespräches nach dem Modell RAFAEL sieht für die Lehrperson wie folgt aus:

RAFAEL
ein Modell für Feedbackgespräche

Report   „Wie habe ich die Situation erlebt?"

                  „Was betrachte ich als gelungen / nicht gelungen?"

Alternativen   „Was würdest du beim nächsten Mal anders machen?"

Feedback   „So habe ich dich erlebt" / „ So schätze ich deine

                  Arbeitsergebnisse ein"

Austausch   „Welche Dinge sehen wir verschieden?"

Erarbeitung von

Lösungsschritten   „Was ist als Nächstes zu tun?"

RAFAEL.DOC

„Die Vorlage finden Sie in der Onlinedatenbank unter www.kompetenzorientierte-
Unterrichtsentwicklung.de im Baustein 8."

Gemeinsam ist beiden Vorgehensweisen – Kollegiale Beratung nach Mutzek als auch Feedbackgespräche nach Hauser –, dass die selbstregulatori-
schen Fähigkeiten der Schüler geweckt werden und die Rückmeldungen/
Leistungsbeurteilungen „Informationen über die Diskrepanz zu dem aktuellen Lernstand und dem bestehenden Lernziel bereitstellen und die Lernenden damit in die Lage versetzt werden, den folgende Lernprozess so weit
wie möglich selbst zu gestalten" (Bürgermeister, Klieme u. a. 2011, S. 3).

Gemeinsam ist beiden Vorgehensweisen vor allem aber auch die förderorientierte, unterstützende und an Lösung orientierte Haltung der Lehrperson.

Feedbackgespräche/formative Leistungsrückmeldungen sind ein besonderes Thema, für das wahrscheinlich nicht alle Lehrkräfte in einem Kollegium gewonnen werden können. Es bedarf bestimmter grundlegender Voraussetzungen, allein um sich diese anspruchsvollen Steuerungsmaßnahmen zuzutrauen:

förderorientierte Haltung und kompetenzorientiertes Unterrichtsscript und Erfahrung mit diesen beiden Aspekten eines förder- und kompetenzorientierte Unterrichts!

Vielleicht aber kann es wenigstens gelingen, in einem Kollegium Interesse zu wecken an den beiden o.g. Vorgehensweisen und an der Bedeutung formativer Leistungsrückmeldung/Feedback! Dies alleine kann schon als Erfolg und Zugewinn vermerkt werden und als Grundlage für die weitere konkrete Arbeit dienen!

Ein großer Erfolg wäre es, wenigsten die Lehrkräfte, die in einer Klasse unterrichten, zum gemeinsamen Vorgehen mit formativer Leistungsrückmeldung/Feedback zu überzeugen. Dies wäre für das erfolgreiche Lernen der Schüler ganz wichtig!

5.9 Neunter Baustein
Entwicklung eines schuleigenen Förderkonzeptes
Der Referenzrahmen als Grundlage der Bilanzierung
schulischer Entwicklungsprozesse

In allen Bundesländern ist der Auftrag zur individuellen Förderung rechtlich verankert. In vielen Bundesländern sogar verbunden mit der Auflage eines schulischen Förderkonzeptes. Dies mit dem Ziel, die individuelle Förderung zu einem Gesamtanliegen der Schule zu machen und ein abgestimmtes Vorgehen zu sichern. In der schulischen Realität dürfte ein abgestimmtes Förderkonzept aber immer noch die Ausnahme sein!
Welche Vereinbarungen gehören in ein Förderkonzept und – noch viel schwieriger – wie kommt eine Schule, ein Kollegium zu einem Förderkonzept? Diese Fragen sollen im letzten der Bausteine aus der Qualifizierungsreihe des Projektbüros beantwortet werden.

„Die Gesamtkonferenz soll durch die Entwicklung eines schulischen Förderkonzeptes nach den Grundsätzen des Schulprogramms eine gemeinsame pädagogische Orientierung des Kollegiums sichern sowie die Kontinuität von Unterrichts- und Erziehungsprozessen gewährleisten" (siehe Verordnung zur Ausgestaltung der Bildungsgänge und Schulformen der Grundstufe(Primarstufe) und der Mittelstufe(Sekundarstufe) und der Abschlüsse in der Mittelstufe (VOBGM), 19. 08. 2011), so in der Hessischen „Verordnung zur Ausgestaltung der Bildungsgänge" (vgl. 1).

Eine gemeinsame pädagogische Orientierung setzt viele Gespräche und Diskussionen über pädagogische Themenstellungen und diesbezügliche Aushandlungs- und Abstimmungsprozesse voraus, bevor ein gemeinsamer Minimalkonsens in Unterrichts- und Erziehungsfragen gefunden und festgeschrieben werden kann.

Im Mittelpunkt stehen dabei folgende „zentrale Aspekte pädagogischen Handelns" (siehe § 4 Hess. Schulgesetz vom 21. 11. 2011):
- Individualisierung und Differenzierung
- Diagnose und Förderung
- Beurteilung und Bewertung
- Kompetenzorientierte Aufgaben (siehe § 4 Abs. 4 aaO)

Grundlage und Orientierungsrahmen für ein Förderkonzept sind immer auch die Setzungen des jeweils länderspezifischen Referenzsystems. Darin werden o. g. „Aspekte pädagogischen Handelns" konkretisiert, wird Qualität von Schule und Unterricht in Form von Kriterien definiert. Diese Kriterien gilt es umzusetzen in unterrichtliche Praxis.

Die Alltagserfahrung in Schulen zeigt, dass gerade dieser Umsetzungsprozess sehr schwierig ist. Hier bedarf es der Anleitung, wie sie z. B. durch das Projektbüro mit den „Kernelementen" und der Umsetzung in die Praxis-bausteine erfolgt.

Im Idealfall erproben die Multiplikatoren, die an der Qualifizierungsreihe teilnehmen, die erlernten Inhalte im eigenen Unterricht, bevor sie diese in das Kollegium tragen. Dort gehört zum Implementierungsprozess das Erproben und Evaluieren der vorgestellten Maßnahmen, bevor diese dann als Minimal-konsens für das ganze Kollegium festgeschrieben werden können.

In ein Förderkonzept gehören somit immer die verbindlichen Vereinba-rungen zum förder- und kompetenzorientierten Unterricht.

Folgende Darstellung zur Umsetzung des Hessischen Kerncurriculums/ Bildungsstandards illustriert sehr gut die übergeordnete Bedeutung eines Förderkonzeptes; sie ist übertragbar auf jedes Bundesland.

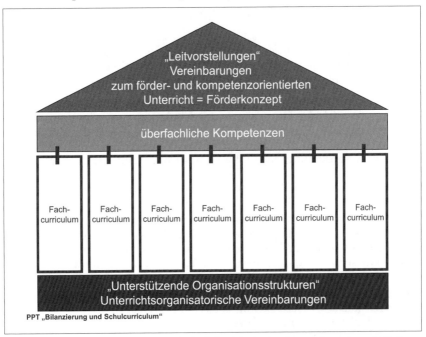

„Die vollständige Präsentation finden Sie in der Onlinedatenbank unter www.kompetenzorientierte-Unterrichtsentwicklung.de im Baustein 9."

Ganz wichtig und erster Schritt ist bei aller Arbeit an einem Konzept jedoch die Bilanzierung der bisherigen Arbeit, der bisherigen Vereinbarun-gen und „Gepflogenheiten" mit dem Blick auf die Zielsetzung des Arbeits-vorhabens „Entwicklung eines Förderkonzeptes". Die Bilanzierung erfolgt unter Beteiligung des gesamten Kollegiums. Die individuelle Förderpraxis jeder Lehrkraft wird dabei einbezogen.

Als Grundlage der Bilanzierung und Orientierung für die weitere Arbeit sollten immer die Kriterien des jeweiligen Referenzsystems herangezogen werden! Damit ist die Abstimmung und Ausrichtung der pädagogischen und schulischen Prozesse auf den verbindlichen Qualitätsrahmen gewährleistet. Es macht wenig Sinn, ein anderes Referenzsysteme als das länderspezifisch verbindliche zu nutzen, damit schulische Arbeit einer Vorgabe folgend ausgerichtet werden kann und sich keine Widersprüche oder andere Schwerpunktsetzungen z. B. nach einer Inspektion ergeben.

Ziele:

- Bestandsaufnahme der pädagogischen Arbeit in Unterricht, Erziehung, Beratung und Betreuung (§ 127b HSchG)

- Vereinbarungen über die Schwerpunkte und Ziele der weiteren schulischen Entwicklungsprozesse

- Festschreibung verbindlicher pädagogischer Arbeit

PPT „Bilanzierung und Schulcurriculum"

„Die vollständige Präsentation finden Sie in der Onlinedatenbank unter www.kompetenzorientierte-Unterrichtsentwicklung.de im Baustein 9."

Das Projektbüro „Individuell fördern –Lernen begleiten" führt gemeinsam mit den qualifizierten schulischen Multiplikatoren Bilanzierungskonferenzen an deren Schulen durch.

Dabei ist der erste Schritt ein vorbereitendes Planungsgespräch mit Schulleitung und Vorbereitungsgruppe der jeweiligen Schule.

Die Fragen zur Bilanzierung werden vorgestellt. Sie beziehen sich auf die Qualitätsbereiche II (Entwicklungsziele und Strategien) bis V (Schulkultur) und schließlich auf den zentralen Qualitätsbereich VI (Lehren und Lernen) des Hessischen Referenzrahmen Schulqualität (HRS). Sie bilden die Grundlage für den zu planenden Austausch im Kollegium.

Elemente einer Bilanzierung

1. Bilanzierung/Evaluation zu den Qualitätsbereichen II bis V HRS

2. Bilanzierung/Evaluation zum Qualitätsbereich VI HRS

3. Ermittlung bereits abgeschlossener Projekte / Konzepte

4. Festlegung neuer Arbeitsvorhaben/ Projekte

PPT „Bilanzierung und Schulcurriculum"

„Die vollständige Präsentation finden Sie in der Onlinedatenbank unter www.kompetenzorientierte-Unterrichtsentwicklung.de im Baustein 9."

Zur Vorbereitung müssen folgende Punkte geklärt werden:
- Zeitlicher Rahmen
- Strategien bei der Einteilung der Bilanzierungsgruppen
- Verteilung von Aufgaben zur Information und Vorbereitung des Kollegiums

Das Kollegium sollte spätestens zwei Wochen vor der geplanten Veranstaltung über Ziele und Ablauf informiert werden. Ebenso sollten die Bilanzierungsbögen zu den Qualitätsbereichen II bis V bereits zu diesem Termin an alle Lehrkräfte mit der Bitte ausgeteilt werden, diese zur Veranstaltung ausgefüllt mitzubringen.

Der von der Schulleitung erstellte Plan zur Gruppeneinteilung für den Austausch bei der Bilanzierungskonferenz wird ebenfalls frühzeitig bekannt gegeben.

Bewährt hat sich die Arbeit in Jahrgangs- oder Jahrgangsstufenteams, je nach Größe des Kollegiums.

Die Abbildung zeigt Bilanzierungsfragen zum Qualitätsbereich II des Hessischen Referenzrahmens Schulqualität.

Bilanzierung der
Qualitätsbereiche II – V

Qualitätsbereich II	Kriterien	erfüllt
Entwicklungsziele und Strategien	Individuelle Förderung und Lernprozessbegleitung sind als Profilmerkmal im Leitbild und Schulprogramm ausgewiesen.	
	Ergebnisse einer Bestandsaufnahme liegen vor und bilden die Grundlage für Zielformulierungen.	
	Eine Arbeits- und Steuergruppe ist eingerichtet.	
	Ergebnisse von Vergleichs- und Orientierungsarbeiten werden analysiert und Konsequenzen abgeleitet.	

PPT „Bilanzierung und Schulcurriculum"

„Die vollständige Präsentation finden Sie in der Onlinedatenbank unter www.kompetenzorientierte-Unterrichtsentwicklung.de im Baustein 9."

Aufwändiger ist die Bilanzierung zum „Kernstück" des HRS, dem Qualitätsbereich VI Lehren und Lernen, da hier das pädagogische Selbstverständnis und die individuelle Unterrichtspraxis im Mittelpunkt stehen. Ziel ist hierbei, die Lehrkräfte nach erfolgter Selbsteinschätzung über die eigene unterrichtliche Praxis miteinander ins Gespräch zu bringen. Dazu dienen Leitfragen zum Qualitätsbereich VI.

Leitfragen zu dem Qualitätsbereich 6

Qualitätsbereich VI Lehren und Lernen	Erfüllt			Anmerkungen (z. B. Maßnahmen)
	ja	nein	teilw.	
1. Setze ich spezielle Methoden/Verfahren ein, um Daten und Informationen zu sammeln? (z. B. Beobachtungsbögen, Gespräche, Tests)				
2. Nutze ich spezielle Methoden, um den individuellen Lernstand zu ermitteln? (Beobachtungsbögen, stand. Tests, Kompetenzraster, Eingangsdiagnostik)				
3. Achte ich in meinem Unterricht darauf, dass Vorwissen der SchülerInnen zu aktivieren?				
4. Mache ich im Unterricht die Intentionen und Zielvorstellungen mit den SchülerInnen für alle transparent?				
5. Übe ich mit den SchülerInnen im Unterricht Lernstrategien ein?				
6. Wende ich in meinem Unterricht Methoden an, die individuelle Förderung erleichtern? (z. B. Wochenplanarbeit, Stationenlernen)				

PPT „Bilanzierung und Schulcurriculum"

„Die vollständige Präsentation finden Sie in der Onlinedatenbank unter www.kompetenzorientierte-Unterrichtsentwicklung.de im Baustein 9."

An dieser Stelle zeigt sich, in welchen Bereichen bereits gut gearbeitet wird bzw. konkreter Entwicklungsbedarf besteht.

Die zuvor festgelegten Gruppen beginnen mit dem Austausch zu den beiden Fragebögen zum Qualitätsbereich VI und ermitteln dann für jede Frage den „Durchschnittswert" ihrer Gruppe. Anhand dieser Durchschnittswerte werden sowohl Bereiche mit guter Förderpraxis als auch solche mit konkretem Entwicklungsbedarf deutlich. Die jeweiligen Ergebnisse werden auf unterschiedlich farbige Karten notiert.

Bei dieser ersten Bündelung/Fokussierung empfiehlt sich eine Beschränkung auf zwei, höchstens jedoch drei Aussagen pro Fragebogen.

In großen Schulen, in denen es in jedem Jahrgang mehrere Gruppen gibt, erfolgt eine weitere Bündelung/Fokussierung der Ergebnisse innerhalb des Jahrgangs. Man beginnt mit den Bereichen, die bereits gut gelingen. Die diesbezüglichen Karten werden nacheinander aufgehängt und besprochen. Dann erfolgt eine Auswahl von zwei dieser Karten für die Plenumsphase.

Ebenso wird mit den Karten zum Entwicklungsbedarf verfahren.

Auch hier liegt der Fokus zunächst auf Bereichen mit guter Förderpraxis. Bereits beim Aufhängen der vorgefertigten bzw. ausgewählten Karten werden solche mit ähnlichen Aussagen einander zugeordnet, dazu Überschriften definiert, aufgeschrieben und dazugehängt. Am Ende stehen alle Bereiche fest, die – bezogen auf Unterricht und Zusammenarbeit der Kollegen – an der Schule bereits gut gelingen.

Das gelingt Schulen in der Regel bereits gut:
- Organisation und Gestaltung der Förderplanarbeit
- Anwendung verschiedener Formen von Lernstandsermittlungen
- Lernförderliche Unterrichtsmethoden

Mit dem gleichen Verfahren wird dann der Entwicklungsbedarf ermittelt. Bei mehreren Entwicklungsschwerpunkten kann durch das Kleben von Punkten eine Priorisierung vorgenommen werden.

Hierzu liegt häufig Entwicklungsbedarf vor:
- Begleitung von Lernprozessen mit Portfolio oder Kompetenzraster
- Formative Rückmeldung/Feedback und Transparenz der Zielsetzung
- Einübung von Lernstrategien

Die Durchführung einer Bilanzierung erweist sich als sinnvolle Grundlage zur Erstellung eines schuleigenen Förderkonzeptes. Das gesamte Kollegium wird hierbei in den Schulentwicklungsprozess eingebunden und trägt dadurch aktiv zur Arbeit bei. Zudem umfassen die Fragebögen mit den Leitfragen alle wesentlichen Aspekte für ein Förderkonzept, das eine auf Förderung ausgerichtete Haltung der Lehrkräfte und entsprechende Unterrichtsskripte zur Grundlage hat.

Der Schulleiter/die Schulleiterin kann in einer folgenden Konferenz gemeinsam mit dem Kollegium vereinbaren, woran folgend gearbeitet werden soll.

Ziel sind verbindliche Absprachen zu förder- und kompetenzorientiertem Unterricht, die dann nach Erprobung und Evaluation in das Schulcurriculum aufgenommen werden und somit Bestandteil des Schulprogramms werden.

Als sehr bedeutsam und wirkungsvoll hat sich die hohe Passung der Leitfragen zur Bilanzierung mit dem Hessischen Referenzrahmen Schulqualität erwiesen. Schulen haben somit ein identisches Instrument für die Bilanzierung, die weitere Schulentwicklungsarbeit und begegnen diesem Instrument schließlich wieder durch die Schulinspektion und die sich anschließenden Zielvereinbarungen.

6. Gelingensbedingungen für schulische Entwicklungsprozesse

Mit diesem letzten Kapitel sind vor allem die Schulleitungen/Schulleitungsteams angesprochen, da sie die Veränderungsprozesse in Schule zulassen, initiieren, gestalten, steuern und schließlich verantworten. Dabei bedeutet Veränderung immer auch, möglichst alle mitzunehmen und auch Widerstände aushalten und bearbeiten zu können. Schulleiter sind auf jeden Fall die Schlüsselfiguren für Veränderungsprozesse!

„Schulleitung wirkt! Sie zählt für die Verbesserung der Schülerleistungen neben den Curricula und Unterricht zu den drei wichtigsten Faktoren, auf die innerhalb der Schule Einfluss genommen werden kann. ..." (Schratz/ Hartmann/Schley 2010) damit rücken Schratz/Hartmann/Schley das Ziel aller Veränderungsprozesse in Schule in den Mittelpunkt: es geht um den Lernerfolg der Schüler, um die Verbesserung ihrer Leistungen und somit um die Verbesserung und Veränderung von Unterricht!

Dies gilt es bei allen schulischen Entwicklungsprozessen in den Mittelpunkt zu stellen, zur Sinngebung des Veränderungsprozesses, als Legitimation für den Veränderungsprozess wie auch als Evaluationskriterium nach erfolgter Veränderung. Schule ist kein Selbstzweck, vielmehr steht alles, Lehrkräfte, Organisation, Maßnahmen, etc, im Dienst der Qualität von Unterricht mit dem Ziel, den Lernerfolg der Schüler zu ermöglichen und zu sichern. An diesen Grundsätzen müssen sich alle Maßnahmen, natürlich auch die Widerstände, messen lassen!

Doppler/Lauterburg (Doppler/Lauterburg, S. 168) nennen acht Prinzipien einer „Charta des Managements der Veränderung":
- Zielorientiertes Management
- Keine Maßnahme ohne Diagnose
- Ganzheitliches Denken und Handeln
- Beteiligung der Betroffenen
- Hilfe zur Selbsthilfe
- Prozessorientiere Steuerung
- Sorgfältige Auswahl der Schlüsselpersonen
- Lebendige Kommunikation

Einige dieser Prinzipien sollen im Folgenden aufgegriffen werden.

Die Entsendung von Multiplikatoren zur Teilnahme an der Qualifizierung des Projektbüros „Individuell fördern – Lernen begleiten" oder auch die Nutzung des vorliegenden Handbuches setzen in einem Kollegium voraus, dass der Veränderungsanlass erkennbar und nachvollziehbar ist.

Dies könnte das Ergebnis der Schulinspektion bzw. die nachfolgende Zielvereinbarung sein. Es könnte das schlechte Abschneiden in Abschlussprüfungen oder in Lernstandserhebungen Anlass für Veränderung des Unterrichts sein oder auch die Einführung der Bildungsstandards.

Wichtig ist, dass alle Lehrkräfte beteiligt werden, und dass durchgängig dichte Kommunikation und Transparenz bezüglich der Absichten hergestellt werden. Eine Steuergruppe oder Arbeitsgruppe entlastet die Schulleitung bei der Aufgabe und ermöglicht gleichfalls eine hohe Beteiligung aus dem Kollegium.

Als Herausforderungen für Schulleitung stellen sich die folgenden Fragen:

■ Was muss getan werden, damit alle die Veränderung aktiv mittragen?
■ Wie gelingt es, Veränderung in der gesamten Breite des Kollegiums umzusetzen?
■ Wie lässt sich der Veränderungsprozess steuern?
■ Wie wird der Erfolg gemessen? (Doppler/Lauterburg 2008)

Von höchster Bedeutung ist zu Beginn einer geplanten Veränderung und des folgenden schulischen Entwicklungsprozesses eine Bilanzierung oder Bestandserhebung.

Darauf verweist sogar das Hessische Schulgesetz in § 127 b Pädagogische Eigenverantwortung und Schulprogramm:

„(1) Durch ein Schulprogramm gestaltet die Schule den Rahmen, in dem sie ihre pädagogische Verantwortung für die eigene Entwicklung und die Qualität ihrer pädagogischen Arbeit wahrnimmt. Sie legt darin auf der Grundlage einer Bestandsaufnahme die Ziele ihrer Arbeit in Unterricht, Erziehung, Beratung und Betreuung ..., die wesentlichen Mittel zum Erreichen der Ziele und die erforderlichen Formen der Zusammenarbeit der Lehrerinnen und Lehrer fest."

Den hier skizzierten Projektansatz gilt es umzusetzen; er knüpft an die in Kapitel 9 vorgestellte Bilanzierung an. Dafür eignet sich immer der jeweilige Referenzrahmen Schulqualität mit den rahmensetzenden Kriterien für guten Unterricht und gute Schule. Ergänzend zum Beispiel aus Kapitel 9 wird hier eine weitere diesbezügliche Variante vorgestellt, basierend auf dem Hessischen Referenzrahmen Schulqualität, hier als Beispiel für die Qualitätsbereiche I bis III:

Individuell fördern – Lernen begleiten
Standards auf der Grundlage des Hessischen Referenzrahmens Schule

Qualitätsbereiche	Kriterien	erfüllt	nicht erfüllt
Voraussetzungen/ Bedingungen	Individuelle Förderung und Lernprozessbegleitung sind als Profimerkmal im Leitbild und Schulprogramm ausgewiesen.		
	Das Kollegium beschließt in den Prozess der Veränderung des Unterrichtsscripts einzutreten.		

Qualitätsbereiche	Kriterien	erfüllt	nicht erfüllt
Entwicklungsziele und Strategien	Ergebnisse einer Bestandsaufnahme liegen vor und bilden die Grundlage für Zielformulierungen.		
	Eine Arbeits-/ Projektgruppe ist eingerichtet.		

PPT „Standards auf der Grundlage des HRS"

„Die vollständige Präsentation finden Sie in der Onlinedatenbank unter www.kompetenzorientierte-Unterrichtsentwicklung.de im Baustein 9."

Individuell fördern – Lernen begleiten
Standards auf der Grundlage des Hessischen Referenzrahmens Schule

Qualitätsbereiche	Kriterien	erfüllt	nicht erfüllt
Führung und Management	Schulleitung begleitet und unterstützt die Veränderung der Haltung der Lehrkräfte und des Unterrichtsscripts.		
	Schulleitung unterstützt Modelle guter Praxis zur individuellen Förderung.		
	Die Organisation der Förderplanarbeit ist fester Bestandteil im Jahresarbeitsplan der Schule.		
	Die Schule ist mit außerschulischen Partnern vernetzt (BFZ, Jugendamt, Schulpsychologischer Dienst …).		
	Kooperationsstrukturen zur Absprache individueller Förderung innerhalb der Klasse/des Jahrgangs/der Schule sind vorhanden.		

PPT „Standards auf der Grundlage des HRS"

„Die vollständige Präsentation finden Sie in der Onlinedatenbank unter www.kompetenzorientierte-Unterrichtsentwicklung.de im Baustein 9."

Als nächsten wichtigen Schritt muss die Schulleitung bzw. die Steuergruppe die Projektplanung mit realistischen Zielen und realistischer Zeitplanung vornehmen und dem Kollegium vorstellen. Bezüglich der Teilnahme an der Qualifizierung des Projektbüros bedeutet das z. B. auch, Überlegungen anzustellen für die Implementierung der Inhalte zu den einzelnen Bausteinen.

Soll dies, wie die Qualifizierung selbst, im vierwöchigen Rhythmus erfolgen, soll ein Pädagogischer Tag mit der Vorstellung des Konzeptes und der Erarbeitung erster Bausteine den Auftakt bilden oder wie auch immer sollen die Fortbildungsinhalt in das Kollegium gebracht werden. Diese Maßnahmenplanung muss mit dem Kollegium abgestimmt werden.

Ganz entscheidend für schulische Entwicklungsprozesse ist die Festschreibung von verbindlichen Vereinbarungen, damit die Realisierung eines Minimalkonsenses in der ganzen Schule gesichert werden kann. Hier sind intensive Diskussionen notwendig, damit der vereinbarte Minimalkonsens nicht nur auf dem Papier festgehalten, sondern realistisch und für jede Lehrkraft umsetzbar ist.

Als Beispiel sei hier die Festschreibung zu den überfachlichen Kompetenzen des Kerncurriculums zur Lernkompetenz/Arbeitskompetenz vorgestellt.

Überfachliche Kompetenz: _____ *LERNKOMPETENZ*

KC: S.8 ▷ Dimension: *Arbeitskompetenz: Arbeitsplan erstellen, selbstständig, arbeiten, planvolles Vorgehen und angemessene Zeiteinteilung*

KC: S.10 ▷ Aspekt: *Strategien zur Lösung von Aufgaben, Arbeitsmethoden anforderungsbezogen auswählen und sachgerecht anwenden.*

Aufschließende Frage / HRS:
HRS: S.92 ▷
- *Arbeitsprozesse selbstständig und sachgerecht planen und durchführen*
- *mit auftretenden Problemen lösungsorientiert umgehen*
- *Arbeitsprozess zielgerichtet kontrollieren*
- *Informationen beschaffen kritisch bewerten*

Minimalkonsens / verbindliche Vereinbarungen			
Lehr-/ Lernangebote	Fach	Jahrgang	Einführung / Fortführung
Portfolio	*Bio* *PoWi* *Deutsch*	5 7 9	*Einführung*
Methodenbaustein			
Präsentation			
projektorientiertes Arbeiten			
Tagesplan / Wochenplan			

PPT „Hessisches Kerncurriculum – Überfachliche Kompetenzen"

Dieser sicher nicht ganz einfache Prozess wird zudem erschwert durch die immer wieder noch vorgebrachte Forderung nach „pädagogischer Freiheit". Mit der Vorgabe und Setzung von Referenzsystemen ist ein Rahmen für guten Unterricht und gute Schule sowie für schulische Entwicklungsprozesse verbindlich gemacht– dies wird von Lehrkräften noch allzu oft vergessen oder in der Tragweite nicht adäquat eingeschätzt. Schulleitung jedoch bleibt keine Wahl bei der Orientierung am jeweiligen Referenzsystem und der damit einhergehenden Zielvorgabe.

Die o.g. Steuergruppe oder die schulischen Multiplikatoren bedürfen einer genaueren Betrachtung. Sicher gibt es in jedem Kollegium die stets engagierten Kollegen oder diejenigen, die immer für Neuerungen zu gewinnen sind. Um die oben bereits erwähnte Transparenz zu gewährleisten, ist es hilfreich, wenn die Auswahl von Multiplikatoren bzw. die Einwahl in eine Steuergruppe Kriterien gestützt verläuft. Vorausgesetzt, die Kriterien werden dem Kollegium bekannt gemacht und erläutert!

So könnte die Erwartung an Multiplikatoren z. B. die erfolgreiche Unterrichtspraxis sein, Beratungs- und Kritikfähigkeit erwartet werden sowie eine akzeptierte Stellung im Kollegium – um nur einige mögliche Kriterien zu nennen.

Nach aller Erfahrung mit schulischen Entwicklungsprozessen sind Transparenz und Beteiligung für jedes Kollegium höchst wichtig. Auf Seiten der Schulleitung steht und fällt der Entwicklungsprozess mit einer realistischen Ziel- und Zeitplanung. Dabei gilt, dass weniger mehr ist, dass nicht zu forsch Neuerungen eingeführt werden und diese nur auf dem Papier stehen; vielmehr muss jede Neuerung gut gesichert d. h. verbindlich festgeschrieben werden.

Im vorliegenden Handbuch wurden zu jedem Kapitel mögliche verbindliche Vereinbarungen aufgezeigt. Sie sind jeweils grau unterlegt. Diese müssen nun nicht alle realisiert werden. Die für ein Kollegium wichtigsten, für eine Schule bedeutsamsten Vereinbarungen müssten jedoch festgeschrieben, somit in das Schulcurriculum aufgenommen und schließlich evaluiert werden.

Literaturverzeichnis

A. Bürgermeister/E. Klieme, u. a., Leistungsbeurteilung im Mathematikunterricht, 2011

Doppler/Lauterburg, Change Management, 12. Aufl.,Campus Verlag, Frankfurt 2008

Duden, Das Fremdwörterbuch, Mannheim 2000, 7. Aufl.

M. Hasselhorn/A. Gold, Pädagogische Psychologie, Kohlhammer, Stuttgart, 2. Aufl. 2009

Prof. Hasselhorn, Fachtagung des Projektbüros 2008, Wiesbaden

Hattie, John A. C., Visible Learning. A synthesis of over 800 meta-analyses relating to achievement, London&New York, Routledge, 2009

Hattie & Timperley, 2007, in : ebenda, Bürgermeister, Klieme u. a., 2011

Internet-Anzeige zu: Michael Schratz, Martin Hartmann, Wilfried Schley, Schule wirksam leiten, Waxmann 2010,

John Hattie, Helen Timperley, The Power of feedback, Review Of Educational Research 2007

Hessisches Kultusministerium/Amt für Lehrerbildung, Auf dem Weg zum kompetenzorientierten Unterricht – Lehr- und Lernprozesse gestalten, Frankfurt, 2011

Hessischer Referenzrahmen Schulqualität, 2010, IQ,Wiesbaden, S. 93

Klieme u. a., Leistungsbeurteilung und Kompetenzmodellierung im Mathematikunterricht, 2011

Lersch R. 2005, Didaktik und Praxis kompetenzfördernden Unterrichts, In: Stadtfeld/Dieckmann (Hg): Allgemeine Didaktik im Wandel, Bad Heilbrunn

Prof. Wolfgang Mutzek, Kooperative Beratung, Beltz, Weinheim und Basel, 2008

Roth H., Pädagoische Psychologie des Lehrens und Lernens, Schroedel, Hannover, 14. Auflage, 1973

Roth H., Pädagogische Anthropologie, Bd.2, Schroedel, Hannover, 1971

Ziener G., Bildungsstandards in der Praxis, 2006, Klett-Kallmeyer, S. 20

Arbeitshilfen

Die folgenden und eine Vielzahl weiterer Arbeitshilfen finden Sie unter www.kompetenzorientierte-Unterrichtsentwicklung.de

„If the teacher´s lens can be changed to
seeing learning through the eyes of students,
this would be an excellent beginning."

John A.C. Hattie, Visible Learning – A synthesis of over 800 meta-
analyses relating to achievement

PPT „Förder- und kompetenzorientierter Unterricht"

Projektbüro „Individuell fördern – Lernen begleiten"

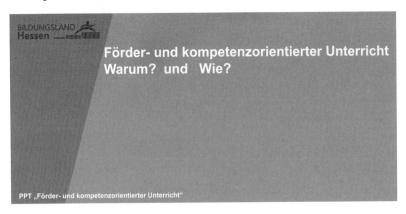

BILDUNGSLAND
Hessen

Förder- und kompetenzorientierter Unterricht
Warum? und Wie?

PPT „Förder- und kompetenzorientierter Unterricht"

1997 „empirische Wende":

TIMSS – Studie → Oktober 1997 „Konstanzer Beschluss" der KMK:

- Teilnahme an internationalen wissenschaftlichen Untersuchungen
  (Qualitätssicherung und Entwicklung)

- Übernahme des „literacy"-Konzeptes
  (Konstruktivistischer Lernbegriff, Anwendungsorientierung von Wissen)

- von der Input- zur Output-Steuerung
  (Orientierung an erwarteten Lernergebnissen und Leistungen der Schule,
  systematische Rechenschaftslegung)

> Unterrichtsentwicklung als Kernaufgabe
> Verbesserung der Unterrichtsqualität

PPT „Förder- und kompetenzorientierter Unterricht"

PPT „Förder- und kompetenzorientierter Unterricht"

Beabsichtigte Veränderungen auf Seiten der Schüler/-innen:

* Wechsel zum selbstverantwortenden Lerner
* Schüler entwickeln auf der Grundlage ihres Vorwissens eigenaktiv und selbsttätig ihren Wissens- und Könnenstand (konstruktivistischen und interaktionistischen Lern- und Entwicklungsverständnisses)

PPT „Förder- und kompetenzorientierter Unterricht"

Beabsichtigte Veränderung auf Seiten der Lehrpersonen:

* die Rolle als Lernbegleiter
* den Umgang mit Heterogenität und unterschiedlichen Lernvoraussetzungen
* die diagnostische Kompetenz der Lehrpersonen („Kompetenzdiagnostik")
* eine Unterrichtsplanung im Hinblick auf definierte Leistungserwartungen
* die Evaluation von Unterricht durch interne und externe Verfahren
* die Kooperation in Fachkonferenzen
* die Arbeit mit dem Kerncurriculum und dem schuleigenen Curriculum

PPT „Förder- und kompetenzorientierter Unterricht"

II. Art der Beobachtung

II.1 Unsystematische Beobachtung
frei

ungebunden

gelegentlich

II.2 Systematische Beobachtung:
standardisiert

kontrolliert

strukturiert

PPT „Aspekte der Beobachtung"

II.2   Systematische Beobachtungen

a) **Unter einem Aspekt:**

„In der kommenden Woche werde ich besonders auf die Streitereien von Thomas achten!"

b) **Standardisierte Situationen:**

„Beobachtung beim stillen Erlesen"

„ Beobachtung bei Experimenten"

c) **Zeitstichproben-Technik**

„Ich beobachte in den nächsten zwei Wochen Michael täglich in der großen Pause!"

Änderung der Perspektive: *„Ich notiere mir nächste Woche nur positives Verhalten!"*

PPT „Aspekte der Beobachtung"

Deutung oder Beobachtung?

Deutung	Beobachtung
Lara verhält sich oft aggressiv gegenüber Lehrerinnen.	Nachdem die Lehrerin mit ihr geschimpft hat, stößt Lara ihren Tisch um.

- Bitte notieren Sie **B (Beobachtung)** oder **D (Deutung)** vor jede Aussage.
- Verbinden Sie jede Deutung mit der Beobachtung, auf die sie sich bezieht.

1. Sie arbeitet im Laufe der Unterrichtsstunde eher oberflächlich.

2. Sie beendet diese Arbeitsphase als erste ohne sich selbst zu kontrollieren.

3. Während der Gruppenarbeit arbeitet sie für sich alleine. Sie beteiligt sich nicht an der Gruppendiskussion.

4. In der Gruppenarbeitsphase zeigt sie ein unangemessenes Sozialverhalten.

5. Lara beginnt die Arbeitsphase schnell ohne den Arbeitsauftrag zu lesen.

6. Sie scheint nicht bereit zu sein, ihre Mitschülerinnen in irgendeiner Weise zu unterstützen.

7. Auch wenn ihre Mitschülerinnen sie darum bitten, sie zu unterstützen, weist sie diese zurück

8. Lara beginnt den Arbeitsauftrag äußerst unkonzentriert und schnell.

Hildegardisschule
Aussagen zum Arbeits- und Sozialverhalten für

das Schuljahr _____

Schüler / in : _____

Klasse: _____ Lehrer / in_____ Datum:_____

Arbeitsverhalten

Leistungsbereitschaft	++	+	0	---
...beginnt ohne zu zögern mit den Aufgaben				
...beteiligt sich mit mündlichen Beiträgen am Unterricht				
...macht freiwillig Zusatzaufgaben				
Zuverlässigkeit und Sorgfalt				
...erledigt aufgetragene Aufgaben vollständig und termingerecht				
...erscheint pünktlich zum Unterricht				
...geht sorgfältig mit Büchern und Arbeitsmaterialien um				
Selbständigkeit				
...führt Hefte und Ordner sachgemäß und ordentlich				
...hat alle Arbeitsmaterialien dabei (Bücher, Ordner, Hefte Sportsachen, Kunstsachen)				
...recherchiert und sichtet selbständig Material für den Unterricht				

Sozialverhalten

Verantwortungsbereitschaft	++	+	0	---
...übernimmt gerne Aufgaben für die Klasse / für die Lerngruppe.				
...steht für sein eigenes Handeln ein				
...setzt sich für andere ein				
Konfliktverhalten				
...löst Konflikte gewaltfrei				
...verhält sich respektvoll Mitschülern gegenüber				
...verhält sich respektvoll Erwachsenen gegenüber				
...provoziert keine Konfliktsituationen				
...benutzt eine Sprache, die andere nicht provoziert				
Kooperationsfähigkeit				
...hält sich an vereinbarte Regeln und Umgangsformen				
...beteiligt sich an Gruppenaufgaben				

Bemerkungen:

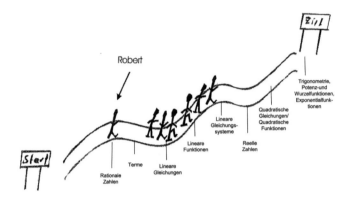

in Anlehnung an Prof. R. Kretschmann, Uni Bremen

PPT „Methoden der Lernstandsermittlung"

Lernstandsermittlungen

Lernstandsermittlungen dienen der pädagogischen Diagnostik

Sie zeigen auf, wo der Einzelne steht – insbes. die Stärken und Schwächen

Lernstandsermittlungen dienen im Unterricht dazu, um
* eine optimale Passung der Angebote an die Lernausgangslage zu erreichen
* den individuellen Lernprozess von Lernenden optimal zu unterstützen

Sie dienen auch als Frühwarnsystem, um rechtzeitig Lern- und Entwicklungsgefährdungen zu erkennen.

Sie sind bezogen auf den Lerngegenstand und den diesbezüglichen Lernstand
des Schülers.

PPT „Methoden der Lernstandsermittlung"

Selektionsdiagnostik	Kompetenzdiagnostik
Blick auf Fehler / negative Verhaltensweisen	Blick auf Fähigkeiten und Schwächen
Person des Schülers / der Schülerin im Blickpunkt	Das gesamte Lernumfeld ist im Blickpunkt
Typologisierung, Klassifikation	Erklärende Beschreibung des Verhaltens
Möglichst objektive Bestimmung von Eigenschaften des Schülers / der Schülerin > IQ-Tests	Möglichst objektive Beschreibung des gesamten Lernumfeldes
Fokus auf das, was Probleme macht und auffällt	Fokus auf den ganzen Menschen

PPT „Methoden der Lernstandsermittlung"

Mögliche Lernstandsermittlungen im Unterricht

Beobachtungen

Lernstandsermittlungen

*   eigene Lernstandsermittlungen (Arbeitsblatt, Mind-Map, Gespräche)

*   lehrwerksgebundene Lernstandsermittlungen

*   Lernstandsermittlungen mit Selbstkontrolle für die Schüler/-innen

*   standardisierte Lernstandsermittlungen (HSP, ILeA, Tests)

PPT „Methoden der Lernstandsermittlung"

Verfahren und Methoden der Lernstandsermittlung

- Beobachtungsbögen für Lehrer/innen
- Fragebögen für Schüler/innen
- Selbsteinschätzungsbögen für Schüler/innen

- Erhebungsbögen zu den einzelnen Fächern
- Kompetenzraster
- Checklisten für Schüler/innen
- Standardisierte Testverfahren wie Hamburger Schreibprobe, Stolperwörter Lesetest, DRT,…
- Fehleranalysen

- Portfolio
- Lernjournal
- Präsentationen und deren Bewertung

- Schülergespräche
- Partnerinterviews (Schüler – Schüler – Gespräche)
- Elterngespräche
- Gespräche mit Kolleg/innen

- Hausaufgabenüberprüfung
- Arbeitsblätter zur Überprüfung des Lernfortschritts
- Klassenarbeiten
- Vergleichsarbeiten
- Abschlussprüfungen
- Schülerakte

- Verfahren zur Schuleingangsdiagnostik

Projektbüro „Individuell fördern – Lernen begleiten"

BILDUNGSLAND
Hessen

Arbeit mit Förderplänen

PPT „Arbeit mit Förderplänen"

Aufgabe der Schule

* Die Schule ist nach Maßgabe des § 3 Abs. 6 HSchG so zu gestalten, dass die gemeinsame Erziehung und das gemeinsame Lernen aller Schülerinnen und Schüler in einem möglichst hohen Maße verwirklicht wird und jede Schülerin und jeder Schüler unter Berücksichtigung der individuellen Ausgangslage in der körperlichen, sozialen und emotionalen sowie kognitiven Entwicklung angemessen gefördert wird.

* Es ist Aufgabe der Schule, drohendem Leistungsversagen und anderen Beeinträchtigungen des Lernens, der Sprache sowie der körperlichen, sozialen und emotionalen Entwicklung der Schülerinnen und Schüler entgegenzuwirken (a. a. O. §1 (2))

PPT „Arbeit mit Förderplänen"

131

Förderdiagnostischer Ansatz

Paradigmenwechsel in der Rolle der Lehrkraft

1. Haltung

* nicht einzelne Punkte- oder Notenwerte sind entscheidende Messgröße
  Lehrkraft begleitet den Schüler/-in auf seinem Weg im **Lernprozess**
* erforderlich ist die Bereitschaft und Fähigkeit, möglichst umfassend Daten
  und Informationen zu sammeln und zu interpretieren, um damit einen
  optimalen Förderplan zu entwickeln

2. Unterrichtsscript

* **Unterrichtsscript** muss so verändert werden, dass nicht die
  Wissensvermittlung im Mittelpunkt steht, sondern **selbstgesteuerte
  metakognitive Fähigkeiten** der Schüler/-innen geweckt werden
* **Lernstrategien** entwickeln

PPT „Arbeit mit Förderplänen"

Förderdiagnostische Handlungskompetenz baut sich auf über:

* **beobachten**
  wertfrei, Verhalten und Leistung, Stärken und Schwächen,
  verschiedene Situationen, Beobachtungsbogen
* **sammeln**
  Gespräche mit den SuS über Lernen und Lernprozess,
  verändertes Fehlerverständnis: Fehler als Schritte zur Lösung,
  Arbeitsergebnisse einbeziehen, Austausch mit Kollegen, Eltern u. a,
  weitere Infos einholen: lernpsychologische, fachliche, etc.
* **bilanzieren**
  Ergebnisse bündeln, interpretieren
* **Förderplan entwickeln**
  Ergebnisse rückmelden, beraten, Vereinbarungen treffen, begleiten

PPT „Arbeit mit Förderplänen"

Aspekte für die Erstellung eines Förderplans
§ 6 (1) VO Gestaltung des Schulverhältnisses vom 19.8.2011:

1. Entwicklungsstand und Lernausgangslage

2. Individuelle Stärken und Schwächen

3. Förderchancen und Förderbedarf

4. Förderaufgaben und Fördermaßnahmen

„Der Förderplan ist den Eltern und der Schülerin oder dem Schüler zur Kenntnis zu geben und mit diesen zu besprechen."

PPT „Arbeit mit Förderplänen"

Name: .... Datum: ....
Förderplan
(nach § 6 und § 40 VO Gestaltung des Schulverhältnisses, vom 19.8.2011

Entwicklungsstand und Lernausgangslage

Bereich	Beschreibung
Aktueller Lern- und Leistungsstand	
Lernverhalten und Lerntempo	
emotional-sozialer Entwicklungsstand	
motor. Entwicklungsstand	
Lernumfeld	

Individuelle Stärken und Schwächen

Bereich	Beschreibung
Stärken	
Schwächen	

Förderchancen und Förderbedarf

Bereich	Bereich	Prioritätenliste
Gewählte **Förderschwerpunkte** für den Planungszeitraum	1) .... 2) .... 3)	1) .... 2) .... 3) ....

PPT „Arbeit mit Förderplänen"

133

Förderziele und Fördermaßnahmen	
Bereich	**Beschreibung**
konkrete **Fördermaßnahmen/** beteiligte Fächer **Vereinbarungen** zwischen den Beteiligten	1) .... 2) .... 3) ....

Aktionsplan				
Wer?	**Was?**	**Mit wem?**	**Bis wann?**	**Feedback/ Kontrolle**

PPT „Arbeit mit Förderplänen"

Förderplankreislauf

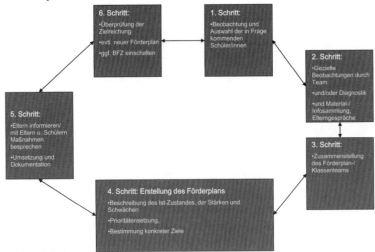

PPT „Arbeit mit Förderplänen"

Förderplan (nach VOBGM vom 14.6.2005)		
Name:		Klasse:
Gültig von:	bis:	Lehrkraft:

1. Entwicklungsstand und Lernausgangslage

Bereich	Beschreibung
Aktueller Lern- und Leistungsstand	
Arbeits- und Lernverhalten	
Sozialverhalten/emotionales Verhalten	
Bewegungsverhalten	
Lernumfeld	

2. Individuelle Stärken und Schwächen

Bereich	Beschreibung
Stärken	
Schwächen	

3. Förderchancen und Förderbedarf

	Förderbereiche	Prioritätenliste
Gewählte **Förderschwerpunkte** für den Planungszeitraum		1) .... 2) .... 3) ....

4. Förderziele

1) ....
2) ....
3) ....

5. Fördermaßnahmen

1) ....
2) ....
3) ....

Aktionsplan für: _____ vom (Datum) _____

Wer?	Macht was?	Mit wem?	Bis wann?	Kontrolle/Feedback

_____ Unterschrift Klassenlehrer

_____ Unterschrift Eltern

_____ Unterschrift Schüler

Vorschlag zur Einordnung des Förderplankreislaufes im Jahresplan

→ Sj.11-12

	August 2011	September 2011	Oktober 2011	November 2011	Dezember 2011	Januar 2012	Februar 2012	März 2012	April 2012	Mai 2012	Juni 2012	Juli 2012
1	X	der in Frage		Förder-plan-teams/		X	3.Konfe-renz,		X	X		X
2	X	kommen-den		Klassen-konferenz		X	evtl. neuer		X			X
3	X	Schüler				X	Förder-plan,		X			X
4	X	hierfür				X	ggf. BFZ		X			X
5	X					X	einschal-ten		X			X
6		1. Konfe-renz				X			X			X
7									X	X		X
8									X	X		X
9									X			X
10			X	Förder-plan-					X			X
11			X	konferenz					X			X
12			X	(siehe Leitfaden)					X			X
13			X						X			X
14			X									X
15			X	→ Eltern								X
16			X	informie-ren/mit								X
17			X	Eltern u. Schüler						X		X
18		gezielte	X	Maßnah-men						X		X

Was muss ich beim Erstellen von Förderplänen beachten?

Zur Stärken und Schwächen Analyse

- Wurden Beobachtungen wertfrei beschrieben oder in Form von Deutungen notiert?
- Ist die Stärken- und Schwächenbeschreibung ebenfalls deutungsfrei?

Zu Prioritäten setzen

- Welche Bereiche sind förderbedürftig? (weniger ist mehr!)
- Welcher Bereich hat Vorrang (eher Leistungs- oder Sozialverhalten oder ...)?
- Was erhöht die Motivation bzw. bringt die ersten Erfolgserlebnisse?

Zu Ziele aufstellen

- Beziehen sich meine Ziele auf die ausgewählten Bereiche?
- Berücksichtigen sie die Fähigkeiten und die Belastbarkeit des Schülers?
- Sind die Ziele realistisch?
- Sind sie unter den schulischen Bedingungen/außerschulischen Bedingungen erreichbar?
- Kann ich den Erfolg der Ziele objektiv überprüfen?

Nicht: „Rene sollte sich mehr bemühen, seine Hausaufgaben zu machen!"

Sondern: „Rene schreibt seine Hausaufgaben in sein Heft."

Zu Fördermaßnahmen

- Beziehen sich die Fördermaßnahmen auf die festgelegten Förderziele
- Wurden bei der Festlegung der Fördermaßnahmen alle Bereiche (Kind, Eltern, Lehrer, externe Institutionen) mitbedacht?

Hilfreiche Fragestellungen sind dabei:
- Welche Motivation kann ich voraussetzen?
- Auf welches Leistungsniveau kann ich aufbauen?
- Wie gestaltet sich die familiäre Situation des Schülers/der Schülerin?
- Kann ich auf die Mitarbeit der Eltern setzen?
- Welche zeitlichen Ressourcen hat die Lehrkraft?
- Wie kann ich die Unterstützung durch Lehrer ausreichend organisieren?
- Welche Möglichkeiten gibt es an der Schule?
- Ggf. welche Möglichkeiten gibt es außerhalb der Schule?

Die Rollen in der kollegialen Fallberatung

Fallerzähler/in:

- schildert ein für sie/ihn wichtiges Anliegen seiner/ihrer Arbeit mit Förderplänen
- schildert sein/ihr Anliegen spontan, assoziativ und subjektiv
- beschreibt alles, was ihm/ihr gelungen ist
- beschreibt seine/ihre Beziehungen zu den Personen im Kontext der Situation
- beschreibt Störungen und Konflikte
- beschreibt Ziele, Hoffnungen, Zweifel und Ängste
- sagt etwas zu seinem/ihrem Engagement
- spricht konkret per „ich" (nicht „man")

Moderator/in:

- achtet auf zugewandte Sitzung und wertschätzende Gesprächshaltung
- stellt gesprächsöffnende Fragen und hilft dem/der Akteur/in, das Anliegen zu entfalten (aktives Zuhören)
- hält die Gruppe am Thema
- hält die Gruppe am methodischen Modell
- hält eigene Beiträge kurz, dominiert nicht
- lässt jeden zu Wort kommen
- ist auch Berater/in

- zielgerichtete, kognitive, potentiell bewusste und kontrollierbare Prozesse
- Handlungspläne zur Steuerung des eigenen Lernens
- Grundlage für Selbstreflexion, Selbststeuerung und Feedback
- treten nicht „als notwendiger Bestandteil der Lernanforderung" auf
- lehrbar und lernbar durch Lehrer als Modell und / oder Lernberater

PPT „Bedeutung von Lernstrategien"

Hasselhorn unterscheidet bei Lernstrategien zwischen:

1. Kognitiven Lernstrategien

2. Metakognitiven Lernstrategien

3. Stützstrategien

PPT „Bedeutung von Lernstrategien"

Bewusstmachen eigener Lernstrategien   30`

Arbeitsauftrag:

1. Einzelarbeit: 15`

   Wählen Sie einen Text aus, der eine echte Herausforderung für Sie
   darstellt.
   Notieren Sie während des Lesens die von Ihnen aktivierten
   Lernstrategien.

2. Flüstergruppen: 10`
   Tauschen Sie sich über die gemachten Erfahrungen aus.

3. Plenum   5`
   Sammeln der verwendeten Strategien.

Text 2

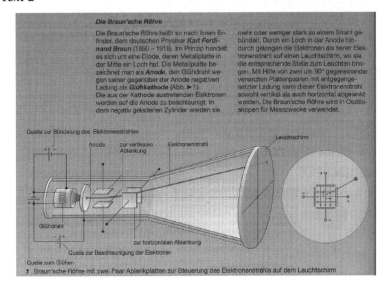

Die Braun'sche Röhre

Die Braun'sche Röhre heißt so nach ihrem Erfinder, dem deutschen Physiker *Karl Ferdinand Braun* (1850 – 1918). Im Prinzip handelt es sich um eine Diode, deren Metallplatte in der Mitte ein Loch hat. Die Metallplatte bezeichnet man als *Anode*, den Glühdraht wegen seiner gegenüber der Anode negativen Ladung als *Glühkathode* (Abb. ► 1). Die aus der Kathode austretenden Elektronen werden auf die Anode zu beschleunigt. In dem negativ geladenen Zylinder werden sie mehr oder weniger stark zu einem Strahl gebündelt. Durch ein Loch in der Anode hindurch gelangen die Elektronen als feiner Elektronenstrahl auf einen Leuchtschirm, wo sie die entsprechende Stelle zum Leuchten bringen. Mit Hilfe von zwei um 90° gegeneinander versetzten Plattenpaaren mit entgegengesetzter Ladung kann dieser Elektronenstrahl sowohl vertikal als auch horizontal abgelenkt werden. Die Braun'sche Röhre wird in Oszilloskopen für Messzwecke verwendet.

1 Braun'sche Röhre mit zwei Paar Ablenkplatten zur Steuerung des Elektronenstrahls auf dem Leuchtschirm

Impulse Physik – Mittelstufe. Klett Verlag, Stuttgart 2011, S. 108)

Text 3

In *Oszilloskopen* und beim *Fernsehen* benutzt man **Braunsche Röhren**. In ihren luftleeren Glaskolben ist nach *Bild 287.1* eine Kathode K eingeschmolzen. Sie wird durch die Heizbatterie H zum Glühen erhitzt und sendet Elektronen aus. Die *Anodenquelle U* lädt die *Anode A* positiv, die *Kathode K* negativ auf. Die aus K abgedampften Elektronen werden zu A hin beschleunigt. Sie sollen aber nicht vom Anodenblech aufgefangen werden, sondern als Strahl durch ein Loch in der Mitte von A hindurchtreten. Hierzu lädt man den gestrichelt gezeichneten Metallzylinder W negativ auf. Dann stößt er die von K nach allen Seiten wegfliegenden Elektronen so zu seiner Mittelachse hin, dass sie die *Anodenöffnung* durchsetzen und anschließend geradlinig zum *Leuchtschirm* L weiterfliegen. Dieser Schirm trägt eine dünne Leuchtschicht. Sie sendet dort Licht aus, wo sie von den unsichtbaren Elektronen getroffen wird. Damit die Elektronen vom Schirm zur Anode zurückfließen können, ist der Glaskolben innen mit einem schwach leitenden Überzug versehen.

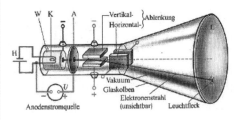

287.1 Braunsche Röhre

Dorn-Bader: Physik - Mittelstufe. Hannover: Hermann Schroedel 1980, S. 286-287.

Ziel:

- Vermittlung vielfältiger Strategien des Denkens und Lernens

- Konzentration auf den Prozess mit dem Ziel der Steigerung der Lernergebnisse

 **Entmystifizierung des Lernens**

PPT „Bedeutung von Lernstrategien"

Was sind Kompetenzen?

– situierte Anwendung von Wissenselementen

– koordinierte Anwendung verschiedener Einzelleistungen

– Fähigkeit und Fertigkeit, Probleme zu lösen und
Bereitschaft, dies auch zu tun und umzusetzen

– „Sich-Bewähren im Leben" (R. Messner)

PPT „Kompetenzraster GS"

Kompetenzen ↔ Lernziele

Lernziele

• beschreiben Wissens- und Könnenselemente
• lenken Aufmerksamkeit auf ein Lernergebnis, nicht auf den
Lernprozess
• sind stofforientiert
• verleiten zur Konzentration auf Wissenserwerb, nicht auf
intelligente Anwendung des Wissens

PPT „Kompetenzraster GS"

Kompetenzen ↔ Aufgabenformate

Aufgabenformate

- veranschaulichen die überfachlichen und fachlichen Anforderungen

- konkretisieren die Standards durch situierte Anforderungen

- illustrieren eine für das jeweilige Fach charakteristische Spannbreite von Aufgabentypen zur Überprüfung von Kompetenzen

PPT „Kompetenzraster GS"

Kompetenzraster Klasse 2 – Einmaleins

Inhalt Kompetenzbereich (KB)	Kompetenzstufe 1 (Reproduktion) Ich kann....	Kompetenzstufe 2 (Rekonstruktion) Ich kann....	Kompetenzstufe 3 (Transfer) Ich kann.....
Von der Plus- zur Malaufgabe (KB: Zahldarstellungen und Zahlbeziehungen verstehen) (KB: Rechenoperationen verstehen und beherrschen)	Die Schülerinnen und Schüler schreiben bildliche Darstellungen als Plusaufgabe auf und finden dazu die entsprechende Malaufgabe.	Die Schülerinnen und Schüler schreiben Plusaufgaben als Malaufgaben und umgekehrt.	Die Schülerinnen und Schüler entwickeln eigene Darstellungen und schreiben Malaufgaben dazu.
1x1 Reihen (KB: Zahldarstellungen und Zahlbeziehungen verstehen) (KB: Rechenoperationen verstehen und beherrschen)	Die Schülerinnen und Schüler bauen alle 1x1 Reihen auf und lösen mit deren Hilfe Malaufgaben.	Die Schülerinnen und Schüler nutzen bestimmte Aufgaben als Hilfestellung zum Lösen neuer Aufgaben. (Kernaufgaben)	Die Schülerinnen und Schüler Lösen von 1x1-Aufgaben Rechenstrategien an.
Division (KB: Rechenoperationen verstehen und beherrschen)	Die Schülerinnen und Schüler formulieren im 1x1 zu allen Divisionsaufgaben die passende Malaufgabe (Umkehraufgabe).	Die Schülerinnen und Schüler nutzen bestimmte Aufgaben als Hilfestellung zum Lösen neuer Aufgaben. (Kernaufgaben).	Die Schülerinnen und Schüler erkennen die Zusammenhänge von Multiplikation und Division und wenden diese an.
Rechengeschichten (KB: In Kontexten rechnen)	Die Schülerinnen und Schüler lösen zu vorgegebenen Rechengeschichten zum 1x1 die Aufgaben richtig.	Die Schülerinnen und Schüler lösen vorgegebene Rechengeschichten richtig, entwickeln und beantworten dazu eigene Fragen.	Die Schülerinnen und Schüler entwickeln eigene Rechengeschichten zum 1x1, schreiben sie auf und lösen sie richtig.

PPT „Kompetenzraster GS"

Name:_____

Themenbereich	Ich kann... 👑	Ich kann... 👑 👑	Ich kann...👑 👑 👑
	-die Begriffe Auge, Iris, Augenbraue, Augenlid, Wimpern und Pupille benennen und richtig zuordnen.	-erklären, was die Augen alles können.	-erklären, welche anderen Sinne mir helfen, wenn ich nicht mehr sehen kann.
	-mit meiner Nase Gerüche unterscheiden.	-bestimmten Gerüchen die richtigen Bilder zuordnen.	-erklären, welche anderen Sinne mir helfen, wenn ich nicht mehr riechen kann.
	-mit meiner Zunge verschiedene Geschmacksrichtungen unterscheiden.	-erklären, wie etwas schmeckt und wo ich es auf der Zunge schmecke.	-erklären, welche anderen Sinne mir helfen, wenn ich nicht mehr schmecken kann.
	-die Begriffe Ohrläppchen, Ohrmuschel und Gehörgang benennen und richtig zuordnen.	-bestimmten Geräuschen die richtigen Bilder zuordnen.	-erklären, welche anderen Sinne mir helfen, wenn ich nicht mehr hören kann.
	-mit meiner ganzen Haut „fühlen".	-bestimmte Gegenstände daran erkennen, wie sie sich anfühlen.	-erklären, welche anderen Sinne mir helfen, wenn ich nicht mehr tasten kann.

PPT „Kompetenzraster GS"

Kompetenzraster zur UE ....

Jg. ......

Erarbeitet am: .... von: ....

erprobt am: ...., in Klasse ...., von: ....

Kompetenz-bereiche / Inhaltsfelder	Kompetenzstufe 1 Ich kann ...	Kompetenzstufe 2 Ich kann ...	Kompetenzstufe 3 Ich kann ...

Unterrichtseinheit „Einführung in den Chemieunterricht".

1. Inhalt und Bedeutung der Chemie
2. Gefahren und Sicherheitsmaßnahmen.
3. Chemikalien und Geräte
4. Gasbrenner

Kompetenzraster zur UE

Kompetenzbereiche/Inhaltsfelder	Kompetenzstufe 1 Ich kann…	Kompetenzstufe 2 Ich kann…	Kompetenzstufe 3 Ich kann…
1. Inhalt und Bedeutung der Chemie	die großen Branchen, die mit Chemie zu tun haben, benennen. (Medizin, Pharmazie, Kunststoffproduktion, Farben, Lacke, Sportbekleidung, Kosmetik usw.)	In den anderen Bereichen den Einfluss von Chemie erkennen. (Chemie erkennen).	Über die folgenden Fragen diskutieren und meine Meinung begründen. Wozu brauche ich Chemie? Was wäre mein Alltag ohne Chemie?
2. Gefahren und Sicherheitsmaßnahmen.	Die Begriffe bezeichnen und den entsprechenden Bildern zuordnen. Ich weiß welche Vorsichtsmaßnahmen ich bei diesen Symbolen beachten soll.	Ich kann die Gefahrsymbole in Gruppen einteilen.	Wo begegnen uns diese Gefahrstoffe im Alltag und wie gehe ich damit um?
3. Chemikalien und Geräte	Ich kann einzelne Chemiegeräte benennen. Ich kann die Funktion der Geräte beschreiben.	Ich kann die Chemiegeräte in Gruppen nach ihren Bestandstoffen einteilen. Ich kann die Geräte nach ihren Funktionen in Gruppen ordnen.	Falls mir ein Chemiegerät in der Sammlung fehlt, kann es durch ein anderes mit den gleichen Funktionen ersetzen.
4. Gasbrenner	Ich kann den Gasbrenner an- und aus- schalten. Ich kenne die Temperatur der drei Zonen in der Flamme des Gasbrenners.	Ich weiß, mit welcher Temperatur ich bei welchem Arbeitsauftrag arbeiten soll.	

KOMPETENZRASTER RUND UM DAS THEMA REGENWALD

Kompetenzbereiche/ Inhaltsfelder	Kompetenzstufe 1 Ich kann...	Kompetenzstufe 2 Ich kann...	Kompetenzstufe 3 Ich kann...
Verteilung des Regenwaldes auf der Erde	Regenwaldgebiete der Kontinente nennen und in eine Weltkarte einzeichnen.	Staaten, die einen Anteil am Regenwald haben, nennen und in eine Weltkarte einzeichnen.	die Verteilung des Regenwaldes auf der Erde in einer Karte ein- zeichnen, anhand eines Textes eine Grafik zum Tageszeiten-
Klima des Regenwaldes	wichtige Merkmale des Regenwaldklimas nennen.	das Tageszeitklima des Regenwaldes anhand einer Grafik erklären.	klima im Regenwald erstellen und den Zusam- menhang von Lage und Klima des Regenwaldes begründen.
Aufbau des Regenwaldes	einzelne Stockwerke des Regenwaldes bestimmen.	die Stockwerke des Regen- waldes bestimmen und ihnen die entsprechenden Pflanzen zuordnen.	Pflanzen den einzelnen Stockwerken zuordnen und deren Standortbedin- gungen erklären.

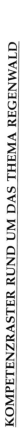

Kompetenzbereiche/ Inhaltsfelder	Kompetenzstufe 1 Ich kann...	Kompetenzstufe 2 Ich kann...	Kompetenzstufe 3 Ich kann...
Artenvielfalt des Regenwaldes	Pflanzen und Tiere des Regenwaldes erkennen und nennen.	die Artenvielfalt des Regenwaldes erkennen und die Wechselbeziehung zwischen Tier Pflanze darstellen.	die Artenvielfalt des Regenwaldes erkennen und begründen und Möglichkeiten zum Schutz ihres Lebensraumes finden.
Nutzung des Regenwaldes	die verschiedenen Nutzungsformen des Regenwaldes nennen.	die verschiedenen Nutzungsformen des Regenwaldes nennen und den Aufbau einer Plantage erklären.	Den Lebensraum und die Lebensweise eines indigenen Volkes beschreiben und ihren Konflikt zwischen Schutz des Regenwaldes und der Abhängigkeit von Industriestaaten erklären und Möglichkeiten zum Schutz der Völker entwickeln.
Menschen im Regenwald	Indigene Völker wie Yanomami, Penan und Bantu nennen und ihnen den entsprechenden Lebensraum zuordnen.	Indigene Völker wie Yanomami, Penan und Bantu nennen, ihnen den entsprechenden Lebensraum zuordnen und anhand eines Volkes die Lebensweise beschreiben.	
Zerstörung des Regenwaldes	die Arten der Zerstörung nennen.	die Arten der Zerstörung und deren Hintergründe nennen.	die Arten der Zerstörung und deren Hintergründe nennen und Lösungsmöglichkeiten für den Erhalt des Regenwaldes entwickeln.

Zitate von Schülern zur Arbeit mit Kompetenzrastern

* Es hat mich angespornt mein Ziel zu erreichen

* Manchmal muss ich mich auch anstrengen um mein Ziel zu erreichen

* Ich kann mich selbst besser einschätzen

* Ich weiß genau was ich lerne – ich weiß genau was auf mich zukommt

* Ich freue mich darüber, dass ich in einigen Bereichen besser war als gedacht

PPT „Kompetenzraster GS"

Änderung der Sichtweise auf Unterricht

Die wichtige Frage ist nicht:

„Was haben wir durchgenommen bzw. wo steht die Lehrperson mit ihrem Stoff?"

sondern:

„Welche Vorstellungen, Kompetenzen und Einstellungen haben die Schülerinnen und Schüler entwickelt?"

PPT „Kompetenzraster GS"

Portfolio im Unterricht

• Individualisierung des Lernens

• Förderung der Selbständigkeit und des planvollen Arbeitens

• Erweiterung der Handlungskompetenz und der Eigenverantwortlichkeit

• Aufbau persönlicher Stärken und positive Lernerfahrung

• Selbstreflexion und Selbststeuerung des Lernprozesses

• Individuelle Kompetenzentwicklung und -beurteilung

PPT „Portfolio"

Portfolioarten im Unterricht

Lernprozessbegleitende Portfolios	Produktorientierte Portfolios (Themen- und Rechercheportfolios)

• kann sich auf unterschiedliche Bereiche beziehen (AV, SV oder fachliche Inhalte)
• Strukturierungsmöglichkeiten
  ⇨ Lernstandsermittlungen
  ⇨ individuelle Zielformulierung
  ⇨ Durchführung (Lernbelege)
  ⇨ Reflexion
	• Werden meist im Rahmen von Einzelunterricht eingesetzt
	
	• Seine Funktion ist auf eine Unterrichtsepoche beschränkt.

PPT „Portfolio"

Schritte des Portfolio-Prozesses

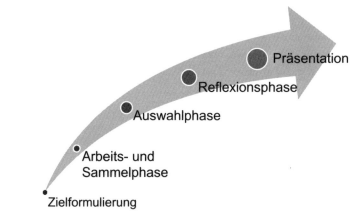

PPT „Portfolio"

Formative Leistungsrückmeldung / Evaluation / Feedback

Anlässe sind:

* Lernberatung
* Portfoliogespräche, Kompetenzraster, Selbstevaluationsbögen
* Gespräche im Zusammenhang mit Förderplänen mit Schüler/Innen und Eltern

Andere Anlässe:

z.B. Laufbahnberatung (auch Übergänge),

Eltern suchen Rat,

Eltern kritisieren,

Lehrer/in sorgt sich um Schüler/in

PPT „Feedback im Lernprozess"

Kooperative Beratung
nach Prof. Mutzek

als instruktionale Technik
und
Organisationsrahmen

für
formative Leistungsrückmeldung / Evaluation /
Feedback

PPT „Feedback im Lernprozess"

Schritt 1: Einführung

- Gesprächspartner auf Augenhöhe
  (Berater und Ratsuchender als zusammen- und
  ineinanderwirkendes System)

- Informationen über die Vorgehensweise

- Klärung von Rahmenbedingungen

PPT „Feedback im Lernprozess"

Schritt 2: Problembeschreibung

- Beschreibung des Problems
  (äußeres und inneres Geschehen)

- Rekonstruktion der Innensicht
  (Sinn- und Bedeutungsaspekt des Handelns)

PPT „Feedback im Lernprozess"

Schritt 3: Perspektivenwechsel

*   Beschreibung des Problems aus der Sicht des Interaktionspartners

*   Erfahren / Erspüren der subjektiven Welt des Anderen

PPT „Feedback im Lernprozess"

Schritt 4: Problemanalyse

*   Herausarbeiten von Funktions- und Handlungsmustern (vertiefen, strukturieren)

*   Bestimmen des vordringlichen Veränderungswunsches (Schwerpunkt setzen)

PPT „Feedback im Lernprozess"

Schritt 5: Zielbestimmung

- Ableitung und Entwicklung einer Zielsetzung

- Bewusste Entscheidung für das Ziel

PPT „Feedback im Lernprozess"

Schritte 6 – 9: Lösungsweg

- Sammeln und Erarbeiten von zielannähernden Handlungswegen

- Autonome Entscheidungen für einen der möglichen Handlungswege

- Planung und Vorbereitung der Umsetzung

- Begleitung und Unterstützung der Umsetzung des Handlungsweges

PPT „Feedback im Lernprozess"

Report

„Wie habe ich die Situation erlebt?"

„Was betrachte ich als gelungen / nicht gelungen?"

Die Schülerin / der Schüler beschreibt eine Situation / sein Verhalten / seine Arbeitsergebnisse / seine Leistungsdarstellung.

Alternativen

„Was würdest du beim nächsten Mal anders machen?"

Der Schüler wird ermutigt, nach Alternativen für eine Zielerreichung bzw. neuen Zielen zu suchen.

Dadurch sollen Veränderungen ermöglicht werden, die zu einem neuen Verhalten / zu neuen Arbeitsergebnissen führen.

Feedback

„So habe ich dich erlebt" / „ So schätze ich deine Arbeitsergebnisse ein"

Der Schüler bekommt ein Feedback, das die positiven und negativen Aspekte seines Verhaltens / seiner Leistung /seiner Arbeitsergebnisse thematisiert.

Letzteres ist für ein Feedback unerlässlich, weil alleiniges Loben unecht wäre und keine Entwicklungsmöglichkeiten aufzeigen würde.

Austausch

„Welche Dinge sehen wir verschieden?"

Unstimmigkeiten zwischen dem Report des Schülers und dem Feedback der Lehrerin / des Lehrers werden besprochen.

Die verschiedenen Auffassungen und die Gründe dafür werden thematisiert und analysiert.

Dieser Vergleich von Selbst- und Fremdwahrnehmung ist der Ausgangspunkt für neue Einsichten und Erfahrungen.

Erarbeitung von

Lösungsschritten

„Was ist als Nächstes zu tun?"

Die Konsequenzen aus dem Gespräch werden diskutiert und konkrete Möglichkeiten, um gesetzte Ziele zu erreichen, werden besprochen.

Schulcurriculum (§ 4 (4) Hessisches Schulgesetz)

= weitere inhaltliche Konkretisierung zu den einzelnen Fächern (Fachcurricula)

= Orientierung für förder- und kompetenzorientiertes Unterrichten

enthält „Leitvorstellungen" + „Unterstützende Organisationsstrukturen"

= Vereinbarungen zum förder- und kompetenzorientierten Unterricht

    zu den zentrale Aspekten pädagogischen Handelns

- Individualisierung und Differenzierung
- Diagnose und Förderung
- Beurteilung und Bewertung
- Kompetenzorientierte Aufgaben

= **schulische „Förderkonzept"** gemäß § 2 (3) VOBGM

PPT „Bilanzierung und Schulcurriculum"

PPT „Bilanzierung und Schulcurriculum"

Organisation und Ablauf einer Bilanzierung

Ablauf eine Bilanzierung

1. Vorbereitung

• Das Kollegium wird über die geplante Bilanzierung informiert
  – Termin der Bilanzierung
  – Rahmen (päd. Konferenz, ‚päd. Tag)
  – Vorstellung des Ablaufs und Auswahl der Moderatoren in den Gruppen
• Bilden einer Vorbereitungsgruppe
• Leitfragen werden ca. 2 Wochen vor der Veranstaltung verteilt
• Leitfragen werden bearbeitet zur Bilanzierungskonferenz mitgebracht

2. Die Bilanzierungskonferenz

a) Arbeit in Klassen- ,dann in Jahrgangsteams

*   KollegInnen tauschen sich in Klassenteams über die Antworten zu den Leitfragen aus.
*   Sie wählen jeweils 1-3 Schwerpunkte:
*   Was gelingt besonders gut, bzw. in welchem Bereich besteht besonderer Entwicklungsbedarf?
*   In Jahrgangsteams: Festlegung, was bei allen bereits gut gelingt, bzw. wo besonderer Entwicklungsbedarf besteht. Festhalten der Ergebnisse auf Karten

PPT „Bilanzierung und Schulcurriculum"

b. Weiterarbeit im Plenum

*   Vorstellen der Arbeitsergebnisse aus den Teams (Karten)
*   Zusammenfassung der Schwerpunkte und Zuordnung in zwei Arbeitsschritten:
    gelingt gut – Entwicklungsschwerpunkte
*   Festschreibung gelingender Praxis im Hinblick auf den HRS
*   Ergänzung durch bereits vorhandene Förderkonzepte (z. B. Lesekonzept, Sinus, Hochbegabtenförderung, …)
*   Priorisierung der Entwicklungsschwerpunkte durch „Punkten"

PPT „Bilanzierung und Schulcurriculum"

Elemente einer Bilanzierung

1. Bilanzierung/Evaluation zu den Qualitätsbereichen II bis V HRS

2. Bilanzierung/Evaluation zum Qualitätsbereich VI HRS

3. Ermittlung bereits abgeschlossener Projekte / Konzepte

4. Festlegung neuer Arbeitsvorhaben/ Projekte

PPT „Bilanzierung und Schulcurriculum"

Bilanzierung der
Qualitätsbereiche II – V

Qualitätsbereich II	Kriterien	erfüllt
Entwicklungsziele und Strategien	Individuelle Förderung und Lernprozessbegleitung sind als Profilmerkmal im Leitbild und Schulprogramm ausgewiesen.	
	Ergebnisse einer Bestandsaufnahme liegen vor und bilden die Grundlage für Zielformulierungen.	
	Eine Arbeits- und Steuergruppe ist eingerichtet.	
	Ergebnisse von Vergleichs- und Orientierungsarbeiten werden analysiert und Konsequenzen abgeleitet.	

PPT „Bilanzierung und Schulcurriculum"

163

Qualitätsbereich III	Kriterien	erfüllt
Führung und Management	Das Kollegium hat beschlossen in den Prozess der Veränderung des Unterrichtsscripts einzutreten.	
	Schulleitung begleitet und unterstützt die Veränderung der Haltung der Lehrkräfte und des Unterrichtsscripts.	
	Schulleitung und Kollegium haben gem. VO dafür gestimmt ein Schulcurriculum zu entwickelon.	
	Die Organisation der Förderplanarbeit ist fester Bestandteil im Jahresplan der Schule.	

PPT „Bilanzierung und Schulcurriculum"

Qualitätsbereich IV	Kriterien	erfüllt
Professionalität	Lehrkräfte/Multiplikatoren sind in den Bereichen „Individuell fördern – Lernen begleiten" qualifiziert.	
	Die Inhalte der Fortbildungsreihe werden systematisch in das Kollegium getragen.	
	Feste Kooperationszeiten und Kooperationsstrukturen sind vorhanden.	
	Das Kollegium nutzt Konferenzen/Pädagogische Tage zum zur Qualitätsentwicklung von Unterricht.	

PPT „Bilanzierung und Schulcurriculum"

Qualitätsbereich V	Kriterien	erfüllt
Schulkultur und Schulklima	Die Lehrkräfte orientieren sich in Unterricht und Förderung an den Fähigkeiten (nicht an den Defiziten) der einzelnen Schülerinnen und Schüler	
	Einrichtung und Gestaltung aller Klassenräume sind auf die individuelle Förderung ausgerichtet.	
	Daten von Beobachtungen und Lernstandsermittlungen sind dokumentiert.	
	Förderziele sind realistisch und messbar formuliert. Ihre Umsetzung wird nach der vereinbarten Zeit überprüft.	

PPT „Bilanzierung und Schulcurriculum"

Leitfragen zu dem Qualitätsbereich 6

	Qualitätsbereich VI Lehren und Lernen	Erfüllt			Anmerkungen (z. B. Maßnahmen)
		ja	nein	teilw.	
1.	Setze ich spezielle Methoden/Verfahren ein, um Daten und Informationen zu sammeln? (z. B. Beobachtungsbögen, Gespräche, Tests)				
2.	Nutze ich spezielle Methoden, um den individuellen Lernstand zu ermitteln? (Beobachtungsbögen, stand. Tests, Kompetenzraster, Eingangsdiagnostik)				
3.	Achte ich in meinem Unterricht darauf, dass Vorwissen der SchülerInnen zu aktivieren?				
4.	Mache ich im Unterricht die Intentionen und Zielvorstellungen mit den SchülerInnen für alle transparent?				
5.	Übe ich mit den SchülerInnen im Unterricht Lernstrategien ein?				
6.	Wende ich in meinem Unterricht Methoden an, die individuelle Förderung erleichtern? (z. B. Wochenplanarbeit, Stationenlernen)				

PPT „Bilanzierung und Schulcurriculum"

Nutzung der Daten aus der Bilanzierung für das Schulcurriculum / Förderkonzept

- Welche Leitvorstellungen ergeben sich für das Schulcurriculum / Förderkonzept?
- Welche Schwerpunkte der pädagogischen Arbeit können festgeschrieben und verbindlich werden?
- Für welche Schwerpunkte besteht Entwicklungsbedarf?
- Welche Arbeitsvorhaben lassen sich daraus ableiten?

PPT „Bilanzierung und Schulcurriculum"

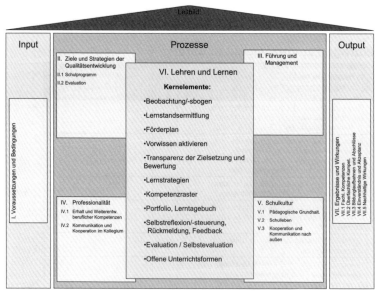

PPT „Plakat Bilanzierung"

Individuell fördern – Lernen begleiten
Standards auf der Grundlage des Hessischen Referenzrahmens
Schule

Qualitätsbereiche	Kriterien	erfüllt	nicht erfüllt
Voraussetzungen/ Bedingungen	Individuelle Förderung und Lernprozessbegleitung sind als Profimerkmal im Leitbild und Schulprogramm ausgewiesen.		
	Das Kollegium beschließt in den Prozess der Veränderung des Unterrichtsscripts einzutreten.		

Qualitätsbereiche	Kriterien	erfüllt	nicht erfüllt
Entwicklungsziele und Strategien	Ergebnisse einer Bestandsaufnahme liegen vor und bilden die Grundlage für Zielformulierungen.		
	Eine Arbeits-/ Projektgruppe ist eingerichtet.		

PPT „Standards auf der Grundlage des HRS"

Individuell fördern – Lernen begleiten
Standards auf der Grundlage des Hessischen Referenzrahmens
Schule

Qualitätsbereiche	Kriterien	erfüllt	nicht erfüllt
Führung und Management	Schulleitung begleitet und unterstützt die Veränderung der Haltung der Lehrkräfte und des Unterrichtsscripts.		
	Schulleitung unterstützt Modelle guter Praxis zur individuellen Förderung.		
	Die Organisation der Förderplanarbeit ist fester Bestandteil im Jahresarbeitsplan der Schule.		
	Die Schule ist mit außerschulischen Partnern vernetzt (BFZ, Jugendamt, Schulpsychologischer Dienst ...).		
	Kooperationsstrukturen zur Absprache individueller Förderung innerhalb der Klasse/des Jahrgangs/der Schule sind vorhanden.		

PPT „Standards auf der Grundlage des HRS"

Individuell fördern – Lernen begleiten
Standards auf der Grundlage des Hessischen Referenzrahmens Schule

Qualitätsbereiche	Kriterien	erfüllt	nicht erfüllt
Professionalität	Lehrkräfte/Multiplikatoren sind in den Bereichen „Individuell fördern – Lernen begleiten" qualifiziert und tragen dies in das Kollegium.		
	Lehrer/innen und Führungskräfte nutzen entsprechende regionale und überregionale Fortbildungsangebote.		
	Lehrer/innen und Führungskräfte im Austausch mit anderen Schulen.		
	Das Kollegium nutzt Konferenzen/Pädagogische Tage zum eigenen Austausch, zur Teambildung und zur Qualitätsentwicklung von Unterricht.		
	Ergebnisse von Vergleichs- und Orientierungsarbeiten werden analysiert und Konsequenzen abgeleitet.		

PPT „Standards auf der Grundlage des HRS"

Individuell fördern – Lernen begleiten
Standards auf der Grundlage des Hessischen Referenzrahmens Schule

Qualitätsbereiche	Kriterien	erfüllt	nicht erfüllt
Schulkultur und Schulklima	An der Schule wird eine lernförderliche Grundhaltung gepflegt: Individuelle Förderung ist an den Kompetenzen (nicht an den Defiziten) der einzelnen Schülerinnen und Schülern orientiert.		
	Klassen- und Schulklima fördern Lern- und Leistungsbereitschaft.		
	Der Einsatz der Schule für jeden Schüler/ jede Schülerin in Bezug auf individuelle Förderung ist im Schulgebäude, im Klassenraum sowie in Dokumenten sichtbar.		
	Individuelle Förderung und Lernprozessbegleitung finden in enger Kooperation mit den Eltern statt.		
	Es finden regelmäßig Absprachen zur Gestaltung aller Übergänge statt.		

PPT „Standards auf der Grundlage des HRS"

Individuell fördern – Lernen begleiten
Standards auf der Grundlage des Hessischen Referenzrahmens Schule

Qualitätsbereiche	Kriterien	erfüllt	nicht erfüllt
Lehren und Lernen	Die Unterrichtsplanung berücksichtigt die zu erreichenden Kompetenzraster der Schülerinnen/Schüler.		
	Lehrerinnen/Lehrer setzen Methoden/Verfahren zur Ermittlung des individuellen Lernstands ein.		
	Die Aktivierung des Vor-Wissens der Schülerinnen/Schüler wird als wichtiges didaktisches Element zur Lernförderung berücksichtigt.		
	Lehrerinnen/Lehrer nutzen Verfahren zur Begleitung des individuellen Lernprozesses: Kompetenzraster, Portfolio, Lernjournal, ...		
	Schülerinnen/Schüler werden zur Selbstreflexion angeleitet.		

PPT „Standards auf der Grundlage des HRS"

Individuell fördern – Lernen begleiten
Standards auf der Grundlage des Hessischen Referenzrahmens Schule

Qualitätsbereiche	Kriterien	erfüllt	nicht erfüllt
Lehren und Lernen	Die Intentionen und Ziele des eigenen Unterrichts werden transparent gemacht.		
	Methoden und Sozialformen im Unterricht begünstigen die individuelle Förderung aller Schülerinnen/Schüler		
	Zur individuellen Förderung werden mit Schülerinnen/Schülern und Eltern Zielvereinbarungen getroffen.		
	Förderung findet grundsätzlich unabhängig von Bewertung statt.		
	Der individuelle Lernfortschritt wird während des Lernprozesses immer wieder überprüft und rückgemeldet.		

PPT „Standards auf der Grundlage des HRS"

Individuell fördern – Lernen begleiten
Standards auf der Grundlage des Hessischen Referenzrahmens Schule

Qualitätsbereiche	Kriterien	erfüllt	nicht erfüllt
Ergebnisse und Wirkungen	Die Anzahl von Schülerinnen und Schülern, die eine Klasse wiederholen müssen, ist zurückgegangen.		
	Die Anzahl der Meldungen zur Einleitung sonderpädagogischer Überprüfungsmaßnahmen (VÜF) ist zurückgegangen.		
	Die Anzahl der Schülerinnen und Schüler, die die Schule wechseln müssen, ist zurückgegangen.		
	Die Anzahl der Schülerinnen und Schüler, die den angestrebten Schulabschluss erreichen, ist gestiegen.		
	Schülerinnen und Schüler haben verstärkt und mit Erfolg an Wettbewerben teilgenommen.		
	Eltern und Schüler bewerten die Lernerträge im fachlichen und überfachlichen positiv.		

PPT „Standards auf der Grundlage des HRS"

Stichwortverzeichnis